SE FAIRE OBÉIR
par les enfants
SANS SE FÂCHER

Catalogage avant publication de Bibliothèque et Archives Canada

Leclerc, Isabelle
    Se faire obéir par les enfants sans se fâcher
    (Collection Psychologie)
    ISBN 978-2-7640-1074-7
    1. Enfants – Discipline. 2. Obéissance. 3. Éducation des enfants. I. Titre. II. Collection: Collection Psychologie (Éditions Quebecor).

HQ770.4.L43 2007   649'.64   C2006-941958-2

LES ÉDITIONS QUEBECOR
Quebecor Média
7, chemin Bates
Outremont (Québec)
H2V 4V7
Tél.: 514 270-1746
www.quebecoreditions.com

© 2007, Les Éditions Quebecor
Bibliothèque et Archives Canada

Éditeur: Jacques Simard
Conception de la couverture: Bernard Langlois
Illustration de la couverture: PhotoDisc
Conception graphique: Sandra Laforest
Infographie: Claude Bergeron

Nous reconnaissons l'aide financière du gouvernement du Canada par l'entremise du Programme d'aide au développement de l'industrie de l'édition (PADIÉ) pour nos activités d'édition.

Gouvernement du Québec – Programme de crédit d'impôt pour l'édition de livres – Gestion SODEC.

Tous droits réservés. Aucune partie de ce livre ne peut être reproduite ou transmise sous aucune forme ou par quelque moyen technique ou mécanique que ce soit, par photocopie, par enregistrement ou par quelque forme d'entreposage d'information ou système de recouvrement, sans la permission écrite de l'éditeur.

Imprimé au Canada

Isabelle Leclerc

SE FAIRE OBÉIR
par les enfants
SANS SE FÂCHER

Introduction

Un enfant qui ne tient pas en place est un enfant qui ne sait pas quelle est sa place.

Françoise Dolto

Comment savoir quelle est la meilleure façon d'agir dans telle ou telle circonstance quand il est question de l'éducation de nos enfants ? Comment amener notre enfant à résoudre les principaux problèmes de son existence ? Comment lui donner les meilleurs outils pour qu'il ait un bon départ dans la vie, un coffre à outils bien rempli ? Comment désamorcer les crises, les drames, les scènes ? Et accueillir les confrontations, sans pour autant les nourrir ou les cultiver ? Ce livre propose des réponses aux questions générales d'éducation qui posent parfois un problème. Il s'adresse aux parents de bébés, d'enfants et de préadolescents.

Éduquer, cela s'apprend comme le reste. Certaines personnes ont un talent naturel, d'autres doivent bûcher pour réussir. Dans ce livre, vous trouverez des façons de faire qui, je l'espère, vous seront utiles. Globalement, restez avant tout spontané, ne vous efforcez pas d'agir selon un modèle qui ne vous correspond pas, soyez fier de ce que vous êtes et transmettez cette fierté à vos enfants.

Bien sûr, certaines façons d'agir ne s'adressent qu'à une certaine catégorie d'enfants, mais je me suis penchée sur les principes généraux à partir desquels nous pouvons dégager des règles qui font qu'un enfant et ses parents sont heureux.

Au fur et à mesure que l'enfant grandit, les interdits et les règles doivent être modifiés. Par exemple, un horaire très régulier pour les repas ou l'heure du sommeil, s'il est essentiel au poupon, reste bénéfique mais pas toujours nécessaire pour ceux qui grandissent. Bien qu'il existe plusieurs modèles de famille, les grandes questions et les problèmes habituels restent à peu près les mêmes ; je n'ai donc pas insisté sur ces différents modèles. Ainsi, je parle souvent du parent ; entendez par là qu'il s'agit parfois du père, parfois de la mère, autrement dit du lecteur.

Bonne lecture !

Manger, dormir, se laver, s'habiller...

*Il y a toujours, dans notre enfance,
un moment où la porte s'ouvre
et laisse entrer l'avenir.*

Graham Greene

Conseil n° 1

Adoptez des routines.

Adoptez des routines, surtout s'il s'agit d'un poupon, car il y aura moins de tensions. Les bébés et les enfants sont rassurés par ces actions qui se répètent. Par exemple, Marie-Claude est une mère plutôt stricte. Elle aime bien que tout soit rangé, propre, prévu, organisé, codifié. Dès que sa fille aînée est venue au monde, elle a adopté des horaires stricts pour toutes les activités (repas, siestes, heure du coucher, sorties, jeux, etc.). C'est un peu exagéré, mais cela a le mérite de sécuriser les enfants, de les stabiliser, de leur apporter le calme.

Certaines activités clés comme les repas et tout ce qui entoure le sommeil devraient être faites à heures fixes, surtout les premières années de la vie. Les enfants n'apprécient les surprises qu'une fois que leurs besoins fondamentaux (sommeil, nourriture, affection) sont comblés.

Conseil n° 2

Les raisons du refus de manger

Il y a plusieurs raisons pour lesquelles un bébé ou un enfant refuse de manger. Considérez-les avant de réagir.

1. Il ne se sent pas bien, auquel cas il ne faut pas l'obliger à manger et croire que le fait de sauter un repas est dramatique. Vous pouvez lui offrir un jus ou remettre son repas à plus tard, quand il se sentira mieux.

2. S'il n'est pas malade, essayez d'abord de contourner le problème en jouant au train, à l'avion, au bateau, bref, en utilisant les trucs infaillibles de votre propre enfance. Remémorez-vous ce que faisaient vos parents ou vos grands-parents, si vous avez eu la chance d'être entouré de gens imaginatifs et créateurs. Faites-en un jeu.

3. Il peut rejeter un aliment parce que la dernière fois qu'il en a mangé, il était trop chaud, trop froid ou trop assaisonné. Il faut essayer de voir ce qu'il a en tête et le lui faire goûter à nouveau. Un aliment, c'est un goût, une odeur, une consistance, un type de cuisson, une présentation et une couleur. Il vous faudra donc l'aider à considérer plusieurs facteurs pour qu'il arrive à préciser ce qu'il n'aime pas.

4. Il subit l'influence de l'entourage. Si ses frères, ses sœurs ou un parent n'aiment pas le brocoli, il est probable qu'il déclare – et croie – à un moment ou à un autre ne pas l'apprécier. Dans ce cas, vous pouvez lui donner l'exemple d'un membre de la famille qui apprécie l'aliment en question. Aussi, rappelez-vous que le temps arrange les choses.

5. Il n'a jamais goûté un aliment et craint l'inconnu. Selon votre philosophie de la vie, vous insisterez ou non. Si vous tenez à ce qu'il y goûte, soyez patient, ne le pressez pas. Dites-lui qu'il faudra qu'il prenne une bouchée, une seule bouchée, et que, par la suite, il pourra vous dire s'il aime ou non. Ce qui compte, c'est de conserver votre patience et votre humour.

6. Il peut arriver qu'il rejette son plat s'il ne distingue pas bien ce qui s'y trouve. La plupart des enfants aiment mieux distinguer ce qu'il y a dans leur assiette que de manger des bouillies (un mélange). N'oubliez pas non plus de faire joli, cela donne de l'appétit.

7. Il peut arriver qu'il mange trop de collations.

Conseil n° 3

Ne l'obligez pas à rester à table trop longtemps.

Eh oui, la plupart des enfants ont la bougeotte, et il n'y a rien de pire pour eux que de demeurer au même endroit durant un long moment. Quand il commence à manger avec les autres, laissez-le rester à table pour un plat, puis revenir au dessert. Peu à peu, il s'habituera. Faites aussi du repas un moment agréable, cela aide beaucoup.

Conseil n° 4

Ne modifiez pas le repas selon son bon vouloir.

Bien sûr, vous pouvez préparer ce qu'il aime, mais si le repas est prêt, ne le modifiez pas en cours de route. Proposez-lui plutôt de penser à un menu pour le jour suivant ou pour un autre moment dans la semaine.

Conseil n° 5

L'enfant dort préférablement dans son lit !

Certains parents dorment avec leurs enfants, d'autres non. Sur cette question, il n'y a pas de règles strictes, même si, dans nos sociétés occidentales, on avance que la cohabitation peut entraîner des difficultés à long terme. Cela dit, dans plusieurs cultures, les enfants et les parents dorment ensemble un bon bout de temps.

Ce qui compte avant tout, c'est de savoir que les habitudes de sommeil s'ancrent et que plus l'enfant grandit, plus elles sont difficiles à modifier. Si vous préférez qu'il soit près de vous durant les premiers mois de son existence, vous aurez avantage à le faire dormir dans un berceau à vos côtés, plutôt que dans le lit conjugal.

Sur cette question, il reste de loin préférable de ne pas se laisser dominer par l'enfant. Quand bébé pleure dans son lit, on peut être tenté d'aller le chercher parce qu'on se laisse toucher, ce qui est un réflexe. Pourtant, on peut simplement le câliner, lui chanter une berceuse et repartir. Si on attend un tout petit peu plus longtemps, il est probable que l'enfant s'endormira. Il peut insister pour que vous restiez, mais l'essentiel est de tenir le coup. S'il est en âge de se lever par lui-même, il faut le raccompagner dans sa chambre.

Si vous avez laissé votre enfant dormir dans votre lit, et que vous souhaitez en changer, gardez tout de même en mémoire qu'une habitude se change, même si cela prend parfois un certain temps. Confiance, vous pouvez y arriver ! Une bonne habitude peut se prendre à tout âge.

Conseil n° 6

Avant de dormir, racontez-lui une histoire.

Les contes relatent souvent l'histoire de quelqu'un qui doit résoudre un conflit. Une des meilleures façons d'assainir l'ambiance à l'heure du dodo consiste à ritualiser cette transition par la lecture d'un conte ou par une histoire inventée que vous raconterez. Cela amène l'enfant à centrer son intérêt sur autre chose que l'étape du sommeil, ce qui peut parfois être un peu angoissant pour lui. C'est la nuit (il fait noir), il s'apprête à quitter d'une certaine manière ses proches. On est en effet seul dans le sommeil et, si l'on y pense bien, le sommeil pour le tout-petit pourrait équivaloir à une petite mort. Les histoires rapprochent le parent et l'enfant en leur faisant vivre une expérience commune (on connaît la même histoire). L'enfant peut s'intéresser à ce qui se passe ailleurs ; il peut même, par les contes, résoudre certains conflits intérieurs.

Conseil n° 7

Les terreurs nocturnes

Elles ont surtout lieu entre trois et six ou sept ans. On les associe généralement à la phase œdipienne de la vie de l'enfant, c'est-à-dire le moment où il est plus proche du parent de sexe opposé. S'il a peur du noir, plutôt que de vous énerver, pensez plutôt à élaborer des rituels sécurisants pour lui. Vous pouvez, par exemple, lui raconter une histoire tous les soirs, ce qui l'aide à passer d'un état actif à un état passif. Pensez aussi à installer une veilleuse, à laisser la porte entrouverte de manière qu'il puisse vous entendre de sa chambre. S'il le souhaite, laissez-le jouer seul un moment avant d'éteindre la lumière. Ce qui compte, c'est de l'amener à développer sa capacité à se rassurer lui-même.

Aussi, ne faites pas en sorte qu'il n'y ait aucun bruit dans la maison. S'il entend le son de ses parents qui parlent ensemble, ou encore celui du téléviseur ou de la musique, cela peut le rassurer. Il sait qu'on est là, tout près de lui.

Conseil n° 8

Incitez-le à faire sa toilette.

Votre enfant est très occupé, il joue, et vous aimeriez bien qu'il fasse sa toilette. Annoncez vos couleurs en lui disant : « Dans cinq minutes, c'est l'heure du bain. » Ou encore, stimulez-le en lui rappelant ce qu'il y aura après le bain : une petite collation, une émission, une histoire…

Puis, une fois qu'il est dans son bain, l'en faire sortir devient tout un défi ! Encore une fois, rappelez-lui que ce qui suit sera tout aussi agréable.

Conseil n° 9

Respectez sa pudeur.

Entre cinq et sept ans, l'enfant devient souvent pudique. Respectez son besoin, simplement. Il faut comprendre également que la pudeur que l'enfant développe vers cet âge concerne tant la pudeur physique (le fait de se couvrir, de ne pas être nu) qu'une pudeur psychologique (le fait d'être en mesure de garder certaines pensées pour soi, d'avoir des secrets).

Chaque famille ne propose pas la même chose quand il est question de pudeur. Dans certaines familles, le fait de se montrer nu reste naturel, tandis que d'autres familles choisissent de se couvrir. Même s'il y a des différences dans la culture familiale, il faut comprendre que l'enfant vivra une certaine forme de retrait du groupe, de besoin de s'appartenir, de développement de l'individuation qu'il est important de respecter.

Conseil n° 10

Invitez-le à s'habiller.

Vers l'âge de deux ou trois ans, vous pouvez lui faire choisir les vêtements qu'il portera. Vers cinq ou six ans, il peut être capable de décider lui-même ce qu'il portera, ce qui va lui donner le goût de s'habiller. Cela dit, les mélanges de couleurs et de genres sont parfois étonnants. Accueillez cela en riant, plutôt que de vouloir tout contrôler ; il est en apprentissage.

Félicitez-le quand il s'habille seul, et complimentez-le quand c'est terminé. Pour le stimuler, vous pouvez toujours transformer l'activité en défi : combien de temps prendra-t-il pour s'habiller ?

Comme nous sommes souvent pressés, il est facile de nous énerver au moment où l'enfant devrait s'habiller ; il associera donc cela à une contrainte. De plus, comme le samedi et le dimanche nous restons généralement en pyjama plus longtemps, la période d'habillement reste associée aux obligations. Pour cette raison, il vaut mieux vous y prendre plus tôt et ne pas en faire une source d'énervement. Faites-en plutôt un jeu.

Conseil n° 11
Ne soyez pas obsédé par les changements physiques de votre enfant.

Priver un enfant de nourriture sous prétexte qu'il mange trop est une mauvaise idée, de même que lui rappeler sans cesse qu'il est bien enveloppé ou trop maigre.

La plupart d'entre nous sont au fait des problèmes d'embonpoint et d'obésité dans notre société. Les victimes de malbouffe sont nombreuses, et, bien sûr, la plupart des parents voudraient éviter que leurs enfants en souffrent. Pourtant, vers l'âge de 11, 12 et 13 ans, il est fréquent de voir les jeunes prendre un peu de poids. Si cela peut parfois nous aider à déceler un problème réel, il faut y voir ; mais il existe aussi une tendance chez les parents et l'entourage familial à s'acharner sur l'enfant parce qu'on souhaiterait qu'il soit parfait. Vous avez certainement déjà observé des parents qui surveillent tout ce que leur enfant mange parce qu'il est un peu plus rond que les standards attendus. Bien sûr, il est valable et même souhaitable de donner à son enfant de bonnes habitudes alimentaires, mais il faut comprendre aussi qu'au début de l'adolescence, il est naturel que le corps se modifie. On peut facilement complexer un enfant pendant plusieurs années en le surveillant de trop près et en le jugeant selon des critères esthétiques associés à la mode. C'est souvent plus par orgueil et par souci d'être comme les autres que les parents tiennent à ce que leur enfant corresponde à des critères bien définis. Pourtant, les enfants doivent apprivoiser des changements hormonaux qui viendront temporairement affecter leur apparence et, parfois, leur poids. Bien sûr, ce problème concerne rarement un enfant de moins de 12 ans.

Si vous mangez de façon équilibrée et si vous n'êtes pas vous-même obsédé par votre poids, il y a peu de possibilités que cela devienne un problème majeur pour votre enfant. Malgré tout, si vous êtes inquiet à cause d'un changement de poids soudain, à la hausse ou à la baisse, il reste important d'en parler à un médecin. Je vous suggère alors d'en parler au médecin, seul à seul, avant sa rencontre avec votre enfant.

Aimez

Un enfant est le plus beau cadeau.

Sagesse indienne

Conseil n° 12

Donnez à votre enfant le sentiment qu'il est important.

On devient responsable quand on se sent aimé. Établissez vos priorités. Qu'est-ce qui est nécessaire à l'enfant ? De la nourriture, un toit, des vêtements, des soins de santé, de l'éducation, des apprentissages scolaires et parascolaires (comme les sports, les arts, etc.). Si vous ne roulez pas sur l'or, il faut tout de même voir à ce que l'enfant ait tout ce dont il a besoin, mais les surplus qu'il n'aura pas ne lui manqueront pas s'il y a de l'amour à la maison. Un amour inconditionnel, c'est tout ce qu'il lui faut, c'est-à-dire un amour qui ne se fonde pas sur ce qu'il fait, mais plutôt sur ce qu'il est.

Conseil n° 13

Aimez-le avant tout pour lui-même et non pour ce qu'il réussit.

C'est peut-être ce que nous recherchons tous : des sentiments d'amour qui s'adressent à notre être plutôt qu'à nos capacités. N'oubliez pas ce détail, avec les enfants. En effet, en voulant bien faire et en espérant leur réussite, les parents oublient souvent de les aimer simplement pour ce qu'ils sont. Si on valorise principalement ses compétences, l'enfant apprendra à agir dans le but de charmer et de plaire. Il aura alors plus de difficulté à détecter ses propres désirs et sa propre voie.

Conseil n° 14

Distinguez la demande d'objet de la demande d'amour.

L'enfant, comme l'adulte, peut exprimer ses besoins affectifs par le désir d'objets. On achète un objet pour s'offrir une douceur, pour se faire du bien, pour se faire plaisir. On offre un objet pour signifier à la personne à qui on le donne qu'on l'aime, qu'on lui veut du bien. Lorsqu'on reçoit un cadeau, cela exprime normalement un don d'amour, une forme de gratitude.

En ce qui concerne les cadeaux que l'on fait aux enfants, il arrive que les adultes le fassent pour compenser un manque d'amour ou de temps qu'ils donnent effectivement à l'enfant. C'est un danger qui nous guette tous en tant que parents. Nous sommes invités, par la culture de notre société (la publicité), à croire que l'amour s'exprime avant tout par le biais des objets. Sans nécessairement rejeter complètement l'expression des sentiments par l'objet, il vaut mieux rester conscient que le temps que l'on donne à un enfant, les activités que l'on fait avec lui et les conversations que l'on a restent des outils tout aussi précieux que les cadeaux.

L'objet reçu est signifiant mais il ne faut pas qu'il ait préséance sur l'affection.

Les obligations de la vie

*Il faut si souvent désobéir
pour vivre une enfance décente.*

Suzanne Paradis

Au cours des premières années de sa vie, l'enfant apprend à composer avec certaines obligations : les horaires, la propreté, la politesse, le langage... C'est un apprentissage long et ardu, mais on peut l'y aider.

Conseil n° 15

Pour bien vivre les obligations quotidiennes

Notre vie est ponctuée d'obligations. Adultes, nous les acceptons tant bien que mal, mais les enfants, eux, doivent intégrer un nombre toujours plus grand d'obligations, ce qui n'a souvent rien de bien drôle. Ils doivent se laver, s'habiller, manger, dormir, se rendre ici ou là... alors qu'ils voudraient continuer à jouer ! Comment faire pour que les transitions d'une activité vers une autre ne deviennent pas trop pénibles ? En simplifiant et en facilitant la tâche de l'enfant et du parent. Voici quelques moyens.

1. Restez calme et souple. Ce n'est pas toujours évident pour le tout-petit de comprendre tous ces changements d'activités.

2. Avertissez-le à l'avance du changement à venir. Dites-lui, par exemple, quelques minutes avant l'heure : « Dans cinq minutes, on se met à table », « Plus que deux minutes avant l'heure du bain »...

3. Gardez en tête que le fait de répéter est naturel : il ne sait pas encore. Donc, ne vous énervez pas lorsque vous devez réitérer une consigne une, deux, trois ou même dix fois.

4. Faites-lui voir les avantages de ce qui sera fait. Par exemple, quand il aura pris son bain, il sentira bon, il sera si beau. Ou les bénéfices : quand il aura mangé, on pourra aller au parc.

5. Impliquez-le dans l'obligation. Responsabilisez-le. Par exemple, s'il peut s'habiller seul, vous pouvez choisir ses vêtements avec lui, puis lui proposer de le faire tout seul, comme un grand. S'il ne peut pas encore s'habiller seul, vous pouvez tout de même jouer ensemble à choisir ses vêtements.

6. Lancez-lui un défi. Faites d'une obligation un jeu. S'il s'habille seul, fixez ensemble une limite de temps. Cela peut agir comme un stimulant.

Dans ces moments où le devoir nous appelle (et où l'enfant est peu à peu amené à comprendre que certaines activités sont en fait des devoirs), il vaut mieux annoncer nos couleurs. Dites :

1. ce que vous allez faire ;
2. dans quel ordre vous allez le faire ;
3. en combien de temps vous allez le faire.

Plus vous êtes clair et concis, mieux l'enfant comprend.

Conseil n° 16

Soyez présent dans les moments clés de la journée.

Bien sûr, chacun a ses obligations et certains parents en ont plus que d'autres. Si un des parents peut être présent dans les moments clés de la journée, cela facilitera grandement la vie. Tous les moments de transition d'une activité à l'autre en font partie ; par exemple, le matin (l'éveil, le départ de la maison), l'après-midi (au retour de la garderie, de la maternelle ou de l'école), le soir (au moment de prendre son bain ou d'aller au lit). L'heure des repas se présente également comme un moment clé ; il y a là l'occasion de se retrouver tous ensemble, mais ce qui les précède peut provoquer quelques tiraillements si l'enfant n'est pas gourmand et qu'il préfère jouer.

Les moments de transition sont souvent les plus problématiques pour les enfants parce qu'une activité cesse et qu'une autre commence. Il faut comprendre qu'ils apprivoisent peu à peu le facteur temps : petits, ils ne vivent qu'au présent ; c'est pour cette raison qu'ils réagissent parfois très fortement à un changement d'activité.

Conseil n° 17

Les petits accidents de la vie sont naturels.

Il casse un verre, il répand par mégarde un liquide par terre, il perd un objet… Ne le traitez pas comme s'il était nul. Faire une gaffe a un côté terrible, il ne faut donc pas en rajouter. Ce genre de petit accident de la vie quotidienne fait partie de notre existence. De plus, il n'est que naturel que l'enfant soit moins habile que l'adulte, puisque son développement neurologique n'est pas terminé. Si vous observez que celui-ci éprouve de grandes difficultés à ce sujet, consultez un spécialiste, mais ne le réprimandez pas.

Conseil n° 18

Sachez qu'un non peut être rassurant.

Vous ne pouvez tout lui donner, cela lui serait nuisible. Au fond, quand vous dites non à quelque demande, vous l'aidez à sortir d'un sentiment de toute-puissance, dur à porter, dont il se délivre peu à peu (idéalement) tout au long de sa petite enfance. L'adulte doit lentement l'amener à comprendre qu'il n'est ni tout-puissant ni impuissant. Pour cela, une fois de temps en temps, il faut lui dire non et maintenir la décision. Pour l'enfant, le fait que les parents détiennent l'autorité est très rassurant.

Jusqu'à ce qu'il atteigne l'âge de deux ans, en tant que parent, vous serez certainement capable de ne pas lui donner ce qu'il réclame en attirant son attention sur autre chose, sur une autre activité. C'est d'ailleurs ce que vous aurez avantage à faire, puisque rien ne sert de le brusquer.

Par la suite, c'est un peu plus compliqué, car il ne se laisse plus duper aussi facilement. Mais un non assumé et clair est généralement entendu et respecté. Ce qui déstabilise un enfant, ce sont les hésitations non dites, les doubles messages, car ils les détectent au quart de tour. Votre non doit donc être vrai.

Conseil n° 19

Il est naturel qu'il réagisse aux frustrations.

L'expérience de la frustration est nécessaire, voire bénéfique. Cela amène peu à peu l'enfant à comprendre que le monde entier ne tourne pas autour de lui.

Cela dit, il ne s'agit pas de se lever le matin en se demandant de quelle manière on pourra frustrer son enfant de façon qu'il en bénéficie. Les frustrations se présentent d'elles-mêmes sous la forme de retards, d'interdits, de règles.

Quand dire oui et quand dire non ? Toute la question est là. Chaque parent étant unique, certains sont plus souples, d'autres plus sévères. Il ne sert à rien de vouloir vous conformer à ce que vous n'êtes pas. Si vous faites preuve de souplesse et que vous n'êtes pas directif (ou même si vous êtes un peu maman ou papa gâteau), vous aurez tendance à acquiescer à ses demandes. Il vous faut alors simplement garder en tête que tout se paie : vous dites oui une fois, vous aurez à dire oui une autre fois. Il faut aussi savoir si votre souplesse ne serait pas en réalité de la mollesse car, dans ce dernier cas, vous pourriez le priver d'une discipline intérieure qui lui permettrait de vivre mieux.

Si vous êtes strict, vous aurez comme premier réflexe de dire non à certaines demandes qui, en soi, ne poseraient pas nécessairement un problème à un parent plus souple. Le danger qui se présente est que vous pourriez lui faire comprendre qu'il lui sera souvent impossible d'obtenir ce qu'il désire. Cela dit, vous risquerez moins que le parent souple d'acquiescer à n'importe quelle demande.

Si vous êtes conscient de votre tempérament, vous agirez avec cohérence, ce qui saura rassurer votre enfant. L'important n'est pas de vous obliger à être ce que vous n'êtes pas. Cela vous appartient. L'important est que votre enfant sache à qui il a affaire, qu'il sache à quoi s'attendre quand il fait tel ou tel geste. Si vous changez toujours d'humeur, vous le mettrez en situation conflictuelle et troublante. Si vous êtes intérieurement stable et cohérent dans vos actions, vous saurez répondre aux besoins de votre enfant de manière qu'il comprenne ce qu'on attend de lui et qu'il sache quelle est sa place dans le monde. Peu à peu, il comprendra qu'il n'est pas le roi de l'Univers, mais qu'il n'est pas la fourmi de l'Univers non plus.

Cela dit, plus l'enfant est jeune, plus il lui est difficile de considérer qu'il n'occupe pas tout l'espace. En réalité, c'est après quatre ans qu'il devient apte à comprendre que la satisfaction de ses désirs peut être remise à plus tard. Avant cet âge, n'insistez pas trop. Il apprend peu à peu à ajuster intérieurement sa vie imaginaire (là où il est roi et maître) aux contraintes de la réalité[1].

---

1. Donald Winnicott parle d'un douloureux conflit.

Même devenus adultes, nous savons tous qu'il y a rarement coïncidence parfaite entre notre imagination et la réalité. Un des rôles du parent consiste donc à guider l'enfant de manière qu'il comprenne qu'on ne s'oppose pas toujours à ses désirs, qu'on peut même aller souvent dans le sens de ceux-ci.

Conseil n° 20

Ne confondez pas souffrance et frustration.

Laura est si petite et si mignonne. Sa maman la voudrait toujours heureuse, souriante et satisfaite, qu'elle ne souffre jamais… et c'est bien naturel.

En tant que parent d'un jeune enfant, il est très facile de confondre frustration (une privation temporaire) et souffrance. Bien sûr, si Laura se voit refuser le bonbon qu'elle vient d'apercevoir au comptoir d'une boutique, il y a un risque de grande frustration, peut-être même de crise si elle a deux ans ! Pour éviter cela, sa maman ou son papa cédera peut-être, ressentant sa frustration et la prenant, un instant, pour de la souffrance. L'exemple semble peut-être un peu tiré par les cheveux, mais quand on voit nos enfants mal réagir à une frustration, il est très facile de ressentir leur souffrance qui est réelle mais peu profonde. Si

Les obligations de la vie

l'on dit non, il est pourtant simple d'expliquer : « On mange bientôt, tu auras une sucrerie après le repas. »

Ne jamais répondre aux désirs d'un enfant lui apprendrait que ses désirs ne peuvent pas être satisfaits, ce qui serait bête et nocif. Mais il ne faut pas non plus combler systématiquement tous ses désirs, car il deviendrait insatiable, insatisfait de ce qu'il a, et il en voudrait toujours un peu plus. (Nous sommes tous insatiables naturellement. Seule l'éducation peut nous apprendre à remettre nos désirs à plus tard, à comprendre le facteur temps.) Il vaut mieux viser le juste milieu.

Que l'on soit adulte ou enfant, si nos désirs et nos souhaits ne sont jamais comblés, on en vient à considérer que la vie est une fatalité, que l'on n'a pas de place significative dans le monde ; s'ils sont trop vite satisfaits, on devient gâté.

Conseil n° 21
Apprenez-lui à accepter de retarder la satisfaction de certains désirs.

Si l'on satisfait toujours l'enfant en comblant ses désirs le plus rapidement possible, on préserve peut-être le calme et l'harmonie au présent, en évitant la crise et les pleurs, mais cela peut coûter cher à long terme. On sera alors de plus en plus sollicité pour combler les désirs de son enfant. Le bébé et l'enfant ont des désirs qu'ils veulent satisfaire immédiatement. Il faut les amener à comprendre que cela n'est pas toujours possible dans l'immédiat, que le temps prend parfois… son temps ! En lui apprenant à maîtriser ses désirs, on lui donnera un outil très efficace pour sa vie adulte.

Conseil n° 22

Un animal domestique

Ce qu'il faut savoir de l'animal de compagnie, c'est que ce sont les adultes qui s'en occuperont ! Si l'idée vous plaît, c'est toujours une bonne idée d'en avoir un dans la famille.

En particulier si votre enfant passe une semaine chez maman, une autre chez papa, un animal de compagnie qui voyage avec lui pourrait le rassurer et le réconforter. S'il est toujours dans la même maison, il reste que l'attachement d'un animal apporte de précieux sentiments de bonheur.

Les règles familiales

*L'enfance sait ce qu'elle veut.
Elle veut sortir de l'enfance.*

Jean Cocteau

Par souci d'être généreux, tendres et bons, certains parents peuvent avoir tendance à s'oublier pour leurs enfants ou à oublier que la bonne marche de la vie de famille repose sur certaines conventions. Il ne s'agit pas de faire des listes de règles, mais les règles (qu'on pourrait nommer habitudes) permettent de fixer des limites qui serviront avant tout à protéger l'enfant, mais également à préserver l'équilibre des parents et de la famille.

Conseil n° 23

Établissez des règles.

Établir des règles, ce n'est pas forcément être coercitif, c'est simplement tracer des balises que tout le monde comprend, de manière que la vie quotidienne s'en trouve simplifiée. Tous les parents ont leur seuil de tolérance, leurs valeurs, leurs croyances, et ils ont raison d'établir certaines règles, peu nombreuses (elles seront ainsi plus facilement mémorisées par l'enfant), mais qui doivent néanmoins être connues des enfants.

Pour définir les règles familiales, posez-vous des questions sur les divers aspects de la vie à la maison. Est-il important pour vous que votre enfant mange ce qu'il y a dans son assiette, quitte à ce que vous lui fassiez une plus petite assiette ? Est-il important qu'il ramasse ses jouets avant le repas ? À quelle heure devrait-il être au lit pour qu'il soit en forme le lendemain et pour que vous ayez un peu de temps pour vous ? Il vaut mieux vous questionner beaucoup, voir quel serait le point d'équilibre et établir des normes en conséquence afin que vous ne soyez pas pris au dépourvu plus tard.

Les règles évitent des remises en question perpétuelles ; elles ont donc un aspect réconfortant et reposant.

Conseil n° 24

Sachez que les règles deviennent tôt ou tard désuètes.

Lorsque vous instaurez une règle à la maison, celle-ci devrait être utile à l'enfant. À deux ans, par exemple, vous savez que votre enfant a besoin d'environ 12 heures de sommeil et, pour cette raison, vous l'encouragez à faire la sieste. La sieste est donc une règle. Cela dit, vers la fin de la troisième année, si l'enfant continue à faire la sieste, il est possible qu'à l'heure d'aller au lit le soir cela devienne problématique, pour la simple raison que l'enfant n'en a plus besoin. La règle de la sieste devra alors tomber.

En modifiant la règle au moment où l'enfant grandit, moins nombreuses seront les occasions de conflits. De plus, en conservant en tête que la plupart des règles familiales sont appelées à perdre leur raison d'être, vous serez moins troublé lorsque le temps viendra de les modifier.

Conseil n° 25

Changez les règles au moment propice.

Ce n'est pas pour rien que nous avons l'habitude de prendre des résolutions au début de l'année, parce qu'il s'agit, dans notre esprit, d'un moment charnière. Catherine a quatre ans, la sieste ne lui est plus salutaire, elle lui nuit plutôt à l'heure du dodo. Bien sûr, la transition se fait assez naturellement : un jour, elle en fait une, le lendemain non, et si tout se passe bien, il n'y a nul besoin de se questionner sur le moment propice. Toutefois, il est plus facile d'appliquer une nouvelle règle ou une nouvelle habitude au moment où les rituels quotidiens changent, par exemple au moment des vacances, d'un congé ou d'un changement de saison.

Si on souhaite commencer à inculquer à un enfant de quatre ans l'habitude de faire son lit, on pourra davantage le présenter comme un jeu durant l'été, au moment où l'on est souvent moins pressé et où tout le monde a plus de temps.

Pour apprendre à Guillaume à faire son lit, son père a attendu la période des vacances à la campagne. Il l'a fait avec son fils les premiers jours, puis il lui a proposé de le faire tout seul, comme un grand ! Ainsi, à la fin des vacances, l'idée était ancrée, l'habitude créée. Toutefois, il a dû voir à ce que cela se poursuive une fois de retour à la maison.

Conseil n° 26

N'abusez pas des interdits.

Même s'il est utile et nécessaire qu'il y ait des règles à la maison, il ne faut pas en imposer un trop grand nombre à son enfant, qu'il ne pourrait d'ailleurs même pas mémoriser. Moins nombreuses sont les règles, plus leur valeur est grande. Ainsi, tout le monde les connaîtra, parent comme enfant, et personne ne les oubliera.

Conseil n° 27

Gérez votre environnement !

Il se peut que vous ne vouliez pas que votre enfant aille dans certains lieux de la maison, en raison de la présence d'objets délicats ou encore de produits dangereux. Dans ce cas, il vaut mieux faire le choix de lui dire de ne pas entrer dans telle pièce sans vous ou de placer ces objets le plus haut possible afin de diminuer au maximum le risque d'accidents fâcheux.

Conseil n° 28

Les règles doivent servir au bien de l'enfant.

Les interdits permettent aux parents de souffler, mais ils existent avant tout pour protéger l'enfant contre les dangers, pour l'aider à vivre mieux, et non pour l'écraser.

La peur

*L'essentiel dans l'éducation,
ce n'est pas la doctrine enseignée, c'est l'éveil.*

Ernest Renan

Conseil n° 29

À propos de la peur

La peur est une émotion qui a sa place dans nos vies, puisque c'est elle qui nous avertit des dangers et qui nous retient d'être trop téméraires. Aussi, moins nous en connaissons sur un sujet, plus la peur peut prendre une grande place ; c'est pourquoi il est tout à fait naturel que les enfants aient des peurs.

De plus, certains âges sont propices aux cauchemars. En effet, vers cinq, six et sept ans, les enfants traversent une période délicate sur ce plan.

Il reste que certains d'entre eux éprouvent un plus grand nombre de peurs que d'autres. Dans ce cas, le parent doit être attentif à ses propres peurs et à celles de son conjoint afin de détecter s'il ne s'agit pas de peurs transmises. De même, un des grands-parents de nature timorée peut encourager l'enfant à être plus craintif qu'il ne le serait ordinairement.

Cela dit, les enfants sont parfaitement capables de vivre des peurs sans l'aide de leurs parents. Aussi, si un enfant est craintif, un parent peut être tenté de l'inciter à dépasser sa peur, dans un moment qui n'est pas toujours approprié. On aura avantage à accompagner l'enfant plutôt qu'à le brusquer. Par exemple, des parents emmènent leurs enfants au parc d'attractions s'imaginant qu'ils vont tous s'amuser, mais ils réalisent que l'un d'eux ne souhaite absolument pas se risquer dans les jeux. On peut alors lui proposer un accompagnement ou le laisser observer la scène en lui expliquant ce qui se passe. À la base, il faut toujours respecter sa peur ; il saura la dépasser en temps et lieu.

Conseil n° 30

Comprendre la crainte que provoque le premier éloignement.

Entre 8 et 12 mois, le tout-petit apprend l'éloignement. Le départ de ses parents (ou des figures proches) le met en danger. Il craint de les perdre pour de bon. Il apprivoisera peu à peu l'idée qu'ils peuvent partir, puis revenir.

À cause de l'insécurité qu'il vit, les gens qu'il connaît peu ou pas lui font parfois peur. Il n'est pas rare qu'il se mette à pleurer ou qu'il détourne le regard si un inconnu lui fait un beau sourire.

De même, il peut croire que ce qu'il ne voit pas n'existe plus. Certains enfants ferment les yeux devant leurs parents quand ils font quelque chose qu'ils ne devraient pas faire ; ils croient ainsi qu'ils disparaissent.

À cause de ce changement de perception, le bébé est susceptible de devenir plus angoissé que dans les mois qui ont précédé, et les parents peuvent alors se questionner et s'inquiéter. Il faut simplement que les proches soient conscients de ce qui se passe et qu'ils rappellent toujours au tout-petit : « Je pars, mais je reviendrai dans une heure, ou en fin d'après-midi. » Puis, à leur retour, qu'ils fassent bien comprendre à l'enfant : « Je suis de retour… ou Maman est de retour. » Ce qui importe à cet âge, c'est de sécuriser le bébé. Les paroles peuvent sembler superflues mais elles ne le sont pas.

Écoutez, parlez, expliquez

Dans tous les âges, l'exemple a un pouvoir étonnant ; dans l'enfance, l'exemple peut tout.

Fénelon

Dès la naissance, le fait de parler à (et avec) votre bébé renforcera le lien d'affection. Même s'il ne comprend pas précisément ce que vous dites, même s'il a l'air de croire que vous lui parler chinois, votre voix et votre intonation représentent déjà toute une communication. C'et vers l'âge de neuf mois qu'il prononce ses premiers mots... à nous alors de lui enseigner le monde en communiquant verbalement et en lui enseignant ce que l'on connaît.

N'oubliez pas non plus de l'écouter. Comme le chantait le groupe Harmonium, *On a mis quelqu'un au monde, on devrait peut-être l'écouter.*

Conseil n° 31

Il parle sans interruption et... il interrompt les autres !

L'enfant, par essence, veut ce qu'il veut tout de suite. Les parents lui apprennent avec le temps à différer la réalisation de certains désirs. Vers quatre ans, il parle beaucoup, questionne énormément et interrompt souvent les autres.

En fait, *votre enfant souhaite connaître mieux le monde qui l'entoure et c'est une manière de l'explorer tout en étant en relation avec vous.*

Quant à ses nombreuses questions, soyez vrai, répondez en fonction de ce que vous connaissez. Dans le cas contraire (ça arrivera forcément), dites-le-lui simplement. Ne mentez pas s'il vous pose une question embarrassante (intime, par exemple), mais ne vous sentez pas obligé non plus de vous étendre sur le sujet.

Si votre enfant vous pose des questions sur la mort, sur Dieu, sur la naissance, dites ce que vous en savez et ce que vous vous sentez en mesure de partager avec lui. Soyez simple.

Aussi, apprenez-lui à ne pas interrompre une discussion ou une activité. S'il vous interrompt (et il le fera), expliquez-lui simplement que vous êtes occupé à une activité qui exige de la concentration ou que vous parlez à quelqu'un.

Cela dit, rien ne vous empêche d'avoir un code commun qui permet à l'enfant de savoir que vous avez noté qu'il voulait vous parler ou de lui dire que vous serez à lui dans deux minutes. N'exigez pas trop de lui quand il est petit, car il ne comprendrait pas.

Conseil n° 32

Expliquez, mais pas trop !

Agnès aime comprendre le sens de ce qu'elle fait, car elle a bien souffert, étant petite, du manque d'explications. Quand elle est devenue maman, elle a tenu à expliquer aussi tôt que possible les raisons de ses actions, de ses décisions, des règles qu'elle établissait. Résultat : un jour, son fils l'a implorée de cesser d'expliquer. C'est à ce moment qu'elle a compris que les explications, c'est bien, mais qu'il ne faut pas exagérer !

Donc, expliquez concrètement tout en étant succinct. Parfois, l'enfant ne souhaite que savoir ce qu'on attend de lui, il veut simplement des balises : « Dis-moi quoi faire, pas pourquoi. »

Malgré tout, n'oubliez pas que les règles dont on ne comprend pas le sens ou les avantages ont moins de chances d'être respectées. Il n'y a aucun besoin de s'étendre longuement sur ses décisions et de se justifier longuement. Le parent est celui qui détient l'autorité, et l'enfant s'en trouve rassuré si celle-ci est aimante et respectueuse.

Conseil n° 33

Faites voir à l'enfant les conséquences de ses actions.

Même s'il est inutile de tout vouloir expliquer, quand l'enfant grandit, c'est une bonne idée que de lui faire voir les conséquences de ses choix, de ses actions. Sans vous sentir obligé d'employer le mot « conséquence », il est utile de lui faire voir que chaque action a effectivement des conséquences qui peuvent être aussi bien positives que négatives. Si un enfant de deux ans réussit à s'habiller tout seul, il montre par là qu'il est grand et autonome. Il faut l'en féliciter et l'encourager à recommencer, lui faire voir qu'il pourra, par exemple, choisir la couleur de son t-shirt ou le vêtement qu'il portera.

Conseil n° 34

Faites-lui comprendre où sont ses intérêts.

Personne n'agit sans intérêt. S'il comprend le bénéfice qu'il tirera de l'accomplissement d'une tâche, la vôtre s'en trouvera grandement facilitée. Même les enfants fonctionnent de cette façon, alors n'hésitez pas à leur faire comprendre où sont leurs intérêts en leur en parlant. Bien sûr, il ne s'agit pas de tomber dans l'intérêt pur et dur, il faudra aussi leur faire comprendre qu'il existe des actes gratuits et généreux.

Conseil n° 35

Encouragez votre enfant à s'exprimer.

Si vous vous apercevez que votre enfant est perplexe, triste ou fâché, amenez-le à exprimer à sa façon ce qu'il ressent. Vous pouvez l'aider à le verbaliser, à le dessiner ou à le mimer... selon la façon avec laquelle il est à l'aise. C'est un très beau cadeau à lui faire car on tait parfois certains sentiments, comme s'ils étaient honteux. Par exemple, un jour ou l'autre, il ressentira de l'envie, de la jalousie, de la honte, de la gêne... Encouragez-le à en parler, cela lui fera comprendre que ces diverses émotions sont naturelles et qu'elles sont le lot de tous.

Conseil n° 36

Répétez, répétez... sans vous impatienter.

Bien des parents se plaignent de toujours répéter les mêmes consignes et de ne pas être écoutés. Pourtant, si l'on prend le temps de réfléchir, il est tout à fait naturel qu'il faille répéter, puisque l'enfant apprend du nouveau. Par exemple, Boris, âgé de cinq ans, oublie systématiquement de se brosser les dents. Sa mère en a par-dessus la tête de lui répéter les mêmes consignes, tous les matins et tous les soirs. Chaque fois qu'elle le dit, elle est exaspérée. Si, au lieu de s'énerver, elle prenait le temps de réaliser que plus le temps passe, moins elle le répète souvent, elle noterait qu'il y a une évolution !

Ainsi, quand le père d'Hélène souhaitait qu'elle prenne l'habitude de déposer son sac d'école dans sa chambre plutôt que dans l'entrée au moment où elle rentrait de l'école, il le lui répétait tous les jours... jusqu'au jour où il n'a plus eu à le lui dire. Il ne s'énervait pas, il savait qu'il fallait simplement le dire et le redire, sans pour autant vivre cela comme une source d'exaspération.

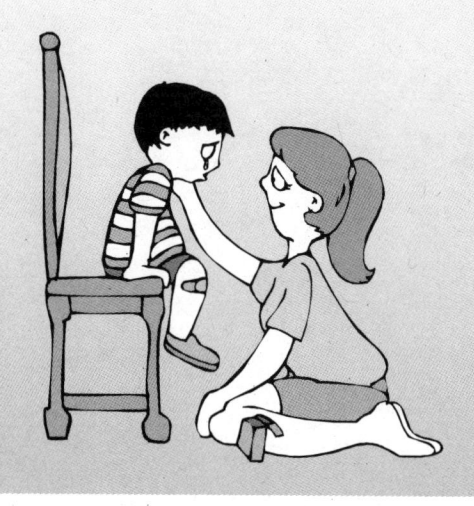

Enseignez, guidez, apprenez

Notre instinct devrait être notre principal guide.

Björk

Conseil n° 37

Enseignez avant de responsabiliser.

En tant que parents, nous voulons bien faire, ce qui est naturel. Une des façons de vérifier que l'on a réussi consiste à observer la façon dont l'enfant agit et réagit. Si, par exemple, il est plutôt autonome dès ses premières années d'école, le parent en tirera un certain orgueil.

Pourtant, on oublie parfois cette vérité toute simple qui consiste à enseigner avant de responsabiliser. On ne peut pas demander à quelqu'un de faire tel ou tel geste si on n'a pas pris le temps de le lui montrer. Enseigner, c'est décomposer et simplifier chaque étape de l'action, répéter, vérifier, répéter encore.

Conseil n° 38

Amenez-le à développer sa confiance en lui.

Un des outils les plus valables que vous puissiez donner à votre enfant est la confiance en lui-même. C'est même indispensable. Et une des façons d'inciter votre enfant à développer sa confiance en lui-même est de développer vous-même votre confiance en vous. Cela peut sembler évident, mais ça reste vrai. Quand la fille de 12 ans d'Odile s'est trouvée à l'orée de l'adolescence, elle a peu à peu commencé à remettre sa mère en question, doutant ouvertement de ses capacités. Celle-ci était quelque peu surprise et décontenancée. Elle se demandait quoi faire, comment réagir. Une amie lui a alors glissé à l'oreille : « Si tu ne développes pas ta confiance en toi-même, tu vas en voir de toutes les couleurs dans les prochaines années. » Grâce à cette simple remarque, Odile a pris les moyens de modifier sa perception d'elle-même et de développer sa confiance en elle-même. Un thérapeute l'a guidée pour effectuer certains changements.

Conseil n° 39

Enseignez-lui à voir la continuité !

Peu à peu, au fil des jours, des mois, des années, amenez l'enfant à voir un peu plus loin que le bout de son nez. Il ne s'agit pas de lui faire voir les conséquences de ses actions seulement dans les cas où elles sont inadéquates, mais bien de lui montrer concrètement que chacune de nos actions s'inscrit dans une continuité. Quand on fait un geste, celui-ci a un effet sur l'avenir. En lui faisant voir une fois de temps en temps (il ne s'agit pas d'insister) les résultats d'une action à long terme, vous lui donnez l'occasion de comprendre mieux la vie. Vous lui enseignerez à faire des choix éclairés.

Conseil n° 40

Adaptez-vous aux changements générationnels.

Certaines règles ne changent pas avec les générations – par exemple, la plupart des bébés vivront une période d'affirmation à deux ans –, tandis que d'autres se modifieront. Bien sûr, les jeunes filles ont aujourd'hui le ventre à l'air, tandis que demain elles auront des chaussures sur échasse ou autres étrangetés de la mode. Il vaut mieux non pas s'y faire, comme si c'était une fatalité, mais bien plutôt rester curieux en tant que parent de ce que les jeunes aiment. Aussi, les technologies se modifient à grande vitesse, et cela fait en sorte que les jeunes ont accès à une réalité virtuelle qu'aucun des parents d'aujourd'hui n'a encore connue. Nous n'avons pas vécu notre enfance dans leur monde.

Plus on reste ouvert à la nouveauté et au changement, meilleures sont les chances qu'on encourage nos enfants à se sentir à l'aise dans le monde et plus grandes sont aussi nos chances de rester en contact avec nos enfants.

À propos du jeu

L'enfance, c'est de croire qu'avec un sapin de Noël et trois flocons de neige toute la terre est changée.

André Laurendeau

Conseil n° 41

Le jeu est le travail de l'enfant.

Autant il est utile d'apprécier le fait de jouer seul, autant il est utile d'apprécier le fait de jouer avec d'autres. Évidemment, chacun ayant des expériences différentes et un tempérament qui lui est propre, on privilégiera un certain type d'activité. Comme le jeu est le travail de l'enfant, vous ne regretterez pas de lui enseigner toutes sortes de manières de jouer de façon qu'il choisisse ce qu'il préfère et de façon aussi qu'il puisse s'accommoder de différents modes. Avec les autres, on apprend la coopération ; seul, on apprend à ne pas s'ennuyer.

Certains jeux enseignent des méthodes, des règles, tandis que d'autres permettent de développer sa créativité. C'est une bonne chose que de diversifier les jeux. Mais n'obligez pas vos enfants à jouer à des jeux qu'ils n'apprécient pas. Faites-les-leur connaître, mais ne les contraignez pas.

Conseil n° 42

Jouez avec l'enfant.

Vous ne rendrez jamais votre enfant plus heureux que lorsque vous jouerez avec lui. Ces jeux peuvent être de traditionnels jeux de société, de rôles, de Lego, ou encore il voudra faire des pirouettes avec votre aide. Jouer est un des moyens les plus sûrs de se rapprocher de son enfant et de passer du bon temps avec lui. Évidemment, le temps manque parfois, mais on peut bien trouver quelques minutes par jour à y consacrer.

Conseil n° 43

On apprend beaucoup par le jeu.

Jouer aux cartes ou à tout autre jeu de société avec les enfants est un excellent moyen de lui inculquer la notion de règles, de rôles et de justice (chacun son tour). Tous les jeux de société ont d'ailleurs, en partie, cette fonction.

Pour les jeux créatifs, l'enfant exprime et raconte ce qu'il vit, tandis que les sports encouragent la circulation de l'énergie physique.

Conseil n° 44

Contrôlez les heures de télé et d'ordinateur.

Il vaut mieux contrôler les heures d'écoute de télé et les heures de jeu à l'ordinateur que de s'apercevoir trop tard que c'est elle qui les contrôle. La télé peut les calmer, les détendre et même leur apprendre toutes sortes de choses, mais l'exagération n'est jamais bienfaisante. De plus, installer un appareil dans la chambre des enfants reste une idée dangereuse, un choix à ne pas faire, car cela les rend moins actifs.

Conseil n° 45

Encouragez votre enfant à se dépenser physiquement.

Les jeunes ont de l'énergie, et une bonne façon de canaliser cette énergie est de la dépenser. Le sport reste un des meilleurs moyens de défoulement, d'amusement, sans compter que les sports de groupe favorisent à la fois la vie sociale et le respect des règles. Bref, en tant que parent, sachez que votre enfant ne tirera que des avantages à exercer une pratique sportive.

Conseil n° 46

À propos des cadeaux

Nous vivons une époque où nos habitudes de consommation sont appelées à changer. Durant la période d'éducation d'un enfant, il est possible et même probable que l'on réalise par exemple que les habitudes de consommation de la fête de Noël ne nous conviennent plus. Étant donné l'état de la planète, nous apprendrons tous, lentement ou non, à offrir et à recevoir moins de cadeaux et à centrer notre attention sur le plaisir des retrouvailles. Si, lorsqu'ils sont très jeunes, on habitue les enfants à ce que la fête ne signifie pas dépenses extraordinaires et s'il ne vit pas dans un milieu où les enfants du même âge reçoivent des montagnes de cadeaux, ce sera relativement simple.

Privilégiez les emballages, les cartes, tout ce qui est autour du don, de manière à ce que l'objet ne prenne pas toute la place. Le temps qu'on prend à préparer le cadeau est significatif, et c'est toujours un plaisir de recevoir un cadeau emballé de façon amusante.

Pour «dématérialiser» la fête de Noël, on aura avantage à le faire par étapes, c'est-à-dire sur une longue période, plutôt que de décréter une année que c'en est fini des dépenses farfelues.

À propos du jeu

On peut également faire circuler les cadeaux qui ont été reçus les années précédentes, surtout chez les tout-petits.

À propos de l'autonomie

L'autonomie consiste à se donner à soi-même envers l'autre une loi, plutôt que de la recevoir de la nature ou d'une autorité extérieure.

Antoine Spire

L'autonomie, c'est le but visé à long terme. L'indépendance, la capacité pour l'enfant de se prendre en main et de s'occuper de lui-même, puis plus tard des autres. Votre objectif devrait donc être de le rendre autonome.

Conseil n° 47

Comprenez ce que signifie le non de votre enfant.

Entre 18 mois et 2-3 ans, l'enfant traverse la phase classique du non. Bien sûr, pour le parent cette phase est ardue : son autorité est constamment remise en question, ce qui est agaçant et fatigant. Dans les faits, l'enfant éprouve le besoin de s'opposer parce qu'il est en train de devenir lui-même ; et devenir soi-même, cela se fait toujours en vérifiant jusqu'à quel point on peut s'opposer aux proches, c'est-à-dire à ceux comme qui nous pensions être précédemment. L'enfant pressent qu'il est un moi séparé ; il s'y exerce en s'opposant aux adultes et même aux enfants avec lesquels il cohabite. Comment réagir ? Évidemment, il faut se questionner chaque fois qu'il acquiert un peu plus d'autonomie : est-il vraiment prêt à faire cette action tout seul ? Il faut donc l'observer du coin de l'œil, mais non pas insister pour le faire à sa place ou, pire, le priver d'agir.

Il expérimente, il essaie tout, il touche à tout, bref, il s'intéresse à tout ce qui l'entoure. Son goût pour la découverte est insatiable.

Le non de l'enfant de cet âge est un non qui veut dire qu'il veut faire les choses par lui-même et non en obéissance à quelqu'un.

Si, durant la période du non, on s'acharne à priver l'enfant de sa capacité nouvelle de s'opposer, on va droit au drame. Il vaut mieux l'aider à franchir cette étape de l'affirmation de soi. Il s'agira alors de l'encourager à acquérir son autonomie tout en ne le laissant pas faire ce qu'il n'est pas encore en mesure de faire. Gardez toujours en tête que ses oppositions sont en réalité un besoin d'autonomie. En ne vous centrant pas sur l'opposition, vous noterez que les choses se simplifient beaucoup.

Conseil n° 48

En matière d'autonomie, visez le juste milieu !

Notre société valorise beaucoup l'autonomie des enfants et des jeunes ; les parents d'un enfant autonome se sentiront certainement rassurés, ils vivront moins d'inquiétude que les parents d'un enfant qui se débrouille mal et ils seront moins (mal) pris par leur tâche parentale.

Malgré tout, chaque enfant acquiert son autonomie à son rythme propre et il ne sert à rien de forcer les rythmes ni dans un sens ni dans l'autre.

Conseil n° 49

> **Ne confondez pas autonomie et abandon.**

L'autonomie a bonne presse, on est fier d'avoir un enfant « autonome », débrouillard, qui fait ce qu'il doit faire, qui fait bien ses devoirs ou qui se comporte de façon « appropriée ». Et bien sûr, si vraiment l'enfant est autonome, c'est souvent un signe que l'apprentissage de l'action pour laquelle il fait preuve d'indépendance et du sens des responsabilités a été bien appris, est intégré. Toutefois, il arrive que, pour avoir un sentiment de liberté (retrouvée), le parent pousse l'enfant ou l'adolescent vers une autonomie pour laquelle il n'est pas vraiment prêt.

Certains parents souhaitent que leur enfant ait bien intégré certains apprentissages un peu plus tôt que ça n'est en réalité possible. Michelle n'en revenait pas de voir que sa fille confondait toujours le s et le c quand elle lui faisait réciter ses leçons, et elle n'arrivait pas à comprendre la raison pour laquelle ça ne lui rentrait pas dans la tête ; la petite aurait dû comprendre, pourtant, car sa mère lui avait répété la consigne maintes et maintes fois. Eh oui, c'est ça : il faut simplement le redire, sans perdre patience, et surtout sans s'inquiéter du fait que son enfant n'est pas parfait en orthographe. C'est un apprentissage long et ardu, et il vaut mieux s'intéresser à ce qui est réussi qu'à ce qui ne s'acquiert que très lentement.

Conseil n° 50

Encouragez votre enfant à agir par lui-même, même quand ça vous retarde un peu !

Les jeunes parents sont souvent dépassés par les obligations, et cela peut les rendre impatients. Quand on veut qu'une activité soit complétée rapidement, on peut être tenté de le faire à la place de l'enfant, ce qui ne le sert pas. Pour amener votre enfant à être autonome, il ne faut pas le laisser à lui-même face à des tâches qu'il n'est pas encore capable d'accomplir seul, ni tout faire à sa place.

À propos de l'autonomie

Tous les enfants n'ont pas les mêmes rythmes d'apprentissage ni la même débrouillardise.

Conseil n° 51

Enseignez-lui à cerner ses besoins.

Toujours parce qu'on souhaite rendre notre ou nos enfants heureux, on va parfois au-devant de leurs besoins et de leurs désirs. Même si par expérience on pressent son besoin, il vaut mieux rester tranquille et laisser l'enfant l'exprimer.

Évidemment, en ce qui concerne les repas ou le sommeil en bas âge, on doit s'en préoccuper avant lui. Dans ce cas, on peut attendre que le besoin s'exprime, mais il vaut mieux être prêt à heure fixe, ainsi l'enfant sentira la faim et le repas sera pratiquement prêt.

Il importe qu'il apprenne à ressentir et à nommer ses besoins, parce que cela lui sera utile plus tard. Il saura que son humeur change parce qu'il a faim ou qu'il est fatigué.

La personne capable de nommer ses besoins est plus en mesure d'y répondre.

Quels sont ses besoins ? Manger, dormir, se reposer, être en compagnie des autres, aimer, jouer, courir... S'il ne comble pas ses besoins, il devient marabout, en colère, agressif... Donc, un des meilleurs services qu'on puisse rendre à l'enfant, c'est de lui apprendre à détecter le besoin que cache un sentiment de vide, de tristesse, de colère, etc. Cela dit, ce n'est pas toujours facile puisqu'il nous arrive encore à nous, qui sommes adultes, de ne pas détecter nos besoins de sommeil, de repos, ou même notre besoin de manger. Nous devenons alors de mauvaise humeur et nous nous demandons pourquoi. Apprendre à son enfant à être attentif à ses besoins lui sera utile tout au long de sa vie. Certaines personnes ont, par exemple, des besoins de tranquillité et de solitude plus grands que d'autres ; certains réagissent très fort au besoin de sommeil ou de nourriture.

Conseil n° 52

Donnez à votre enfant des responsabilités à sa mesure.

À mesure qu'il grandit, faites-lui effectuer des tâches qui le responsabiliseront. Ces responsabilités ne doivent être ni trop petites ni trop grandes. Il faut évaluer avant de lui confier une tâche s'il sera capable de l'accomplir, si elle n'est pas ou trop bébé ou trop difficile.

Conseil n° 53

S'il souhaite plus d'indépendance, lâchez du lest !

Grosso modo, il y a deux périodes majeures de conquête d'indépendance, soit ce qu'on appelle le non des deux ans, et l'adolescence ou la préadolescence. Durant ces deux tournants de la vie, le parent est souvent pris au dépourvu parce qu'il ne comprend pas trop ce qui se passe. C'est pourtant relativement simple : l'enfant ou le jeune se sent devenir plus indépendant, il veut agir par lui-même et supporte mal l'aide de ses parents.

Là où ça se complique, c'est que parfois l'enfant ou le jeune veut faire seul ce qu'il n'est pas encore capable de faire ; et là où ça se complexifie encore plus, c'est que parfois l'enfant régresse un peu et ne souhaite plus conduire sa barque, le besoin de se sentir à nouveau tout petit se fait sentir. C'est toute cette volonté de grandir mêlée à l'occasion du désir de rester petit que le parent doit comprendre et à laquelle il doit s'ajuster au quart de seconde. Il est donc naturel qu'il y ait des moments de crise durant ces tournants, mais si les parents restent conscients que c'est un passage vers l'autonomie, ils peuvent réagir de manière appropriée et ne pas trop s'en faire.

Les caprices et les tempêtes du cœur

*Le cœur d'un enfant, c'est grand.
Le temps s'y transforme en espace.*

Michel Jonasz

Conseil n° 54

Il n'y a pas de caprice avant l'âge de un an.

Avant un an, n'allez même pas imaginer que l'enfant vous fait un caprice. Votre rôle consiste avant tout à le nourrir, le bercer, l'apaiser, le porter, le calmer et le sécuriser. Après un an, toutes ces actions restent importantes, mais le bébé acquiert peu à peu son autonomie. Il est donc possible, et même probable, qu'il vous mette au défi.

Le bébé ne fait pas de caprice, il parle simplement à sa manière, et sans langage, ce ne doit pas être toujours simple de se faire comprendre. S'il a mal aux gencives, il ne peut que geindre, pleurer, crier. S'il a faim (qu'il est prêt à manger du solide), il peut toujours essayer d'agripper le bout de pain que vous tenez dans vos mains, mais si vous ne comprenez pas qu'il le veut, il sera bien obligé de se faire comprendre à sa façon. Donc, n'envisagez même pas qu'il fait un caprice, essayez plutôt de comprendre son langage.

Conseil n° 55

S'il geint, demandez-vous s'il a faim ou sommeil.

C'est une donnée qu'on a parfois tendance à oublier même quand l'enfant est presque à l'orée de l'adolescence. Avant de vous questionner sur les causes lointaines d'une crise, demandez-vous si votre enfant n'aurait pas simplement faim ou sommeil.

Conseil n° 56

S'il crie, pleure, geint, faites diversion.

Évidemment, à partir d'un certain âge, vous aurez de la difficulté à détourner son attention vers autre chose. Mais quand il est tout petit, cela se fait assez facilement, sauf dans les cas où il y a un véritable problème. S'il crie, pleure, veut absolument obtenir quelque chose que vous ne voulez pas lui donner, dirigez son attention vers autre chose, faites parler son toutou, donnez-lui un objet qu'il n'a pas vu. Le tout-petit peut aisément changer d'intérêt.

Conseil n° 57

Grosse colère ou tristesse, rien de tel que vos bras

L'enfant ou le bébé qui fait une grosse colère est perdu, il a besoin de sentir une présence chaleureuse plutôt que de se l'entendre reprocher. Prenez-le dans vos bras, vous verrez que sa colère pourra alors s'exprimer autrement, en larmes peut-être, puis en mots ou en babillages s'il est encore tout petit.

Conseil n° 58

Les caprices : une parole qui cherche à s'exprimer.

La plupart du temps, quand un enfant fait un caprice ou une colère, c'est qu'il souhaite communiquer un état, un sentiment qu'il n'arrive pas à dire autrement. Cela reste parfois vrai quand il grandit s'il n'a pas les mots pour l'exprimer ou s'il n'arrive pas à voir clairement ce qu'il ressent.

Peu à peu, l'enfant apprend à vivre en société et à solutionner ses malaises sans déranger tout le monde autour de lui, mais il faut comprendre que tout jeune il n'a pas ces notions d'altruisme et surtout qu'il ne peut pas saisir tout ce qui se passe autour de lui. Il peut simplement se dire «je suis mal», et nous (en tant qu'adultes), on ne peut qu'espérer qu'il continue toujours d'exprimer ses malaises.

Les peines, les larmes, les cris sont une manière d'exprimer des sentiments qui ne sont pas exprimés par les mots, soit parce que l'enfant est trop jeune pour dire ces mots, soit parce que l'émotion est trop forte pour que les mots suffisent et expriment vraiment ce qui est ressenti. Il faut entendre, écouter, consoler, mais il faut laisser vivre ces moments et ne pas paniquer.

Dans le processus d'éducation, donc de civilisation, il y a forcément un peu de coercition, des obligations, un côté pas drôle du tout qui nous brime tous jusqu'à un certain point, les enfants en premier lieu. Il faut écouter pour entendre ce que l'enfant souhaite dire quand il fait un caprice.

Un des rôles du parent consiste à aider l'enfant à acquérir les outils qui l'aideront à s'exprimer : le langage ou la capacité par d'autres voies (le dessin, le chant, le jeu, le sport) de dire ce qu'il est, ce qu'il sent.

Les bébés, les enfants, les jeunes ne s'amusent pas à se conduire mal pour le simple plaisir de le faire. Bien sûr, il peut leur arriver de tester l'autorité, mais une conduite hors norme cache un message, un désir d'expression, un ressentiment, qu'il vous faut entendre pour trouver des solutions au problème. On peut faire taire un enfant par la contrainte, mais cela se retournera et contre nous et contre lui plus tard. Donc, le parent doit entendre ce qui se dit derrière un comportement soi-disant inadéquat. On peut essayer de l'approcher et d'en parler, et parallèlement à cela on se questionnera sur ce qu'il vit actuellement tant à la maison qu'à l'extérieur. Ce qui compte c'est de tout faire pour que la communication reste ouverte, de rester en connexion avec l'enfant de manière à ce qu'il puisse parler (ou dessiner, ou chanter...) de ce qu'il ressent quand il s'en sentira prêt.

Conseil n° 59

Oubliez l'idée même d'harmonie perpétuelle !

Sous prétexte de ne pas voir sa fille pleurer, Anne la laisse jouer avec sa trousse de maquillage, ce qui au fond l'agace vraiment.

Quelle que soit la situation problématique, si le fait d'acquiescer à une demande de votre enfant vous agace, vous dérange, vous met mal à l'aise, c'est que vous n'êtes pas en accord avec cette demande. Dites non, simplement, et tâchez de l'intéresser à autre chose. Si on ne supporte pas la colère ou la peine d'un enfant, c'est peut-être qu'on ne pourrait faire face à ses propres colères et peines. La psychanalyste Christiane Olivier parle d'accueillir son ogre intérieur, ce qui reste vrai pour chacun de nous.

N'étouffez pas l'expression des émotions de votre enfant, même si vous ne trouvez pas cela facile à vivre. Encouragez-le toujours à exprimer ce qu'il ressent. On peut libérer son cœur en faisant un dessin ! Prenez le temps de regarder ce qu'il dessine, de l'observer quand il joue, de voir ce qu'il cherche à résoudre.

Mais ne vous laissez pas envahir par ses désirs au point d'oublier les vôtres. Il n'est que naturel qu'il y ait parfois des confrontations avec les enfants. L'harmonie à tout prix peut en fin de compte coûter cher.

Conseil n° 60

N'acquiescez pas à toutes ses demandes.

Oui, il arrive qu'un enfant soit triste ou fâché, et qu'il ait besoin de l'exprimer. Le petit nombre de naissances dans les sociétés occidentales a fait en sorte que l'enfant est devenu roi. On a souvent été à son écoute d'une manière exagérée. Le mini baby-boom actuel pourrait peut-être modifier quelque peu la donne. L'enfant a vraiment besoin

Les caprices et les tempêtes du cœur

d'attention, de tendresse, d'amour, mais il n'a pas besoin de surattention, et il n'a surtout pas besoin que tout le monde soit à ses pieds.

Bien sûr, si l'on est en public, et que notre petit de deux ans se jette à terre et commence à hurler, suppliant qu'on le porte jusqu'à la maison, on se sentira assez seul et probablement dépassé par les événements ! Pourtant, quel parent n'a pas connu cela, et lorsque cela se produit, il faut bien résister un moment, puis choisir : soit on acquiesce, soit on résiste. Résister, c'est risquer de passer à côté de son besoin s'il est réel ; acquiescer, c'est courir le risque d'instaurer une habitude qui nous fatigue. Selon les circonstances, il faut choisir et espérer que ce sera le meilleur choix.

Conseil n° 61

Il est naturel de se venger de ce qu'on vit comme une injustice.

S'il boude, devient de mauvaise humeur, est triste, se referme sur lui-même, demandez-vous ce qui s'est passé dans les derniers jours. Vous êtes-vous éloigné de lui durant quelques jours ? A-t-il vécu un changement qui n'aurait pas été annoncé ? Si oui, il est bien naturel que votre enfant ait une réaction.

Conseil n° 62

Les crises ont souvent lieu dans les moments de transition.

C'est l'heure de se préparer pour partir à la garderie, à la maternelle ou à l'école ; ou encore l'heure de se préparer à aller dormir, et le petit vous pique une crise ! Il n'y a rien d'étonnant à cela. Comme suggéré précédemment (page 32), préparez les changements en les annonçant, vous vous sauverez ainsi quelques scènes.

Conseil n° 63

Mémorisez de petites recettes de calme.

Votre enfant a deux ans, quatre ans, six ans... il lui arrive de piquer de grosses colères, soit parce qu'il souhaite entreprendre par lui-même une action que vous ne le sentez pas prêt à accomplir, soit parce qu'il refuse de faire ce que vous voudriez qu'il fasse par lui-même.

C'est presque un vœu pieux de vous suggérer de conserver votre calme, mais mémorisez tout de même quelques façons de procéder. Par exemple, « je me rappelle, s'il s'énerve ou si je m'énerve, de prendre une profonde respiration». Ou encore, «si je sens que je vais m'emporter, je sors de la pièce». Ou encore, «je me visualise au bord de la mer, l'été, tranquille, sur la plage». Bâtissez-vous quelques courts scénarios paisibles et invoquez-les dans les moments de crise. Cela aide à conserver son calme.

Il faut qu'une petite sonnette se fasse entendre en vous quand vous commencez à vous énerver parce que votre enfant s'agite. C'est une habitude salutaire.

Conseil n° 64

Ayez une attitude rationnelle et constante.

«Fais d'abord ceci, ensuite nous ferons cela.» Nul besoin d'être toujours sur le qui-vive ou de discipliner sans cesse ses enfants, mais il est bon de procéder méthodiquement le plus souvent possible et de lui annoncer les étapes à venir.

Conseil n° 65

Reconnaissez ses émotions, sans nécessairement les encourager.

Quand il crie, pleure, geint, boude, va contre les règles, l'enfant essaie de vous faire comprendre ce qu'il vit. Voilà une tentative de communication qui, si elle est gauche, est néanmoins réelle. Il souhaite faire ressentir au parent sa peine, sa mauvaise humeur, ce qui l'ennuie ou le tarabuste. Parfois, il sait ce que c'est, d'autres fois, il ne le sait même pas.

Votre rôle consiste à prêter l'oreille, la vue et l'entendement de manière à saisir ce que votre enfant essaie de transmettre. Si vous percevez ces manifestations comme des tentatives de communication, vous ne réagirez pas de manière inappropriée. Bien sûr, ça ne veut pas dire que vous comprendrez toujours ce qui se passe précisément, cela peut prendre du temps, mais les gens (y compris les enfants) ne pleurent pas pour rien, ils pleurent, boudent ou se rebellent parce qu'ils éprouvent un malaise qu'ils n'arrivent pas à exprimer autrement. Il faut prendre le temps d'entendre ce qu'il veut dire et qu'il est peut-être incapable de dire avec des mots. Il est aussi possible de l'amener à exprimer ce qu'il vit par le dessin ou par le jeu.

Quand on éprouve un sentiment de tristesse ou de colère, le simple fait de le voir reconnu est déjà très réconfortant. Cela vaut pour les adultes, mais aussi pour les enfants. On peut avoir tendance à changer de sujet, à essayer d'éloigner l'enfant de la source de son chagrin ou de sa colère, alors qu'en reconnaissant simplement son sentiment et sa cause si vous la connaissez (« tu es triste parce que tu as perdu ton ourson »), vous lui donnez l'occasion de mettre des mots sur sa peine (ou sa colère) et vous légitimez son sentiment. Il a le droit de se sentir comme il se sent.

Cela dit, il faut aussi apprendre à l'enfant à ne pas se plaindre sans arrêt. On connaît tous des gens qui n'ont pas appris à prendre sur eux-mêmes et cela n'est pas agréable du tout. Apprenez-lui à reconnaître ses malaises ou ses insatisfactions et à développer sa capacité de trouver des solutions.

Conseil n° 66

Après une dispute, c'est à vous d'aller vers l'enfant.

L'enfant n'a pas la maturité d'un adulte : c'est au parent à poursuivre le dialogue, c'est lui qui en reste responsable.

À propos du temps

Il faut donner du temps au temps.

Miguel de Cervantès

Conseil n° 67

Comprenez que votre enfant n'a pas la notion du temps.

L'enfant vit dans l'instant, c'est pour cela que sa volonté s'exerce ici et maintenant. Le passé, le présent, le futur, ce sont des concepts qu'il mettra quelques années à comprendre. Vers quatre ans, peut-être trois, il commencera à dire hier, demain. Il pourra comprendre qu'il existe un temps ancien et un temps à venir autour de la première année d'école. Plus il grandira, plus les notions de passé, de présent et de futur s'affineront.

Conseil n° 68

Donnez du temps à vos enfants.

Le concept de temps de qualité me dépasse. Bien sûr, il est important de passer du temps de qualité avec ses enfants.

Si on est avec eux tout l'après-midi mais qu'on est de mauvaise humeur ou psychiquement absent, que le temps passe en reproches, vos enfants souhaiteront secrètement ou pas être ailleurs, et vous aussi vous regretterez le temps passé ensemble. Il reste que le temps qu'on passe avec son ou ses enfants peut parfois être vraiment ordinaire et n'avoir pourtant rien d'ennuyant. Chacun peut facilement comprendre à quel point être avec quelqu'un dans la même maison ou dans la même pièce, même si on ne fait rien ensemble, fait profondément du bien tant aux enfants qu'aux parents.

Conseil n° 69

Le manque de temps n'est pas une excuse !

On peut aussi avoir tendance à agir à la place de son enfant, en laçant, par exemple, ses chaussures, en rangeant sa chambre, en donnant les réponses de son devoir, sous prétexte que l'on manque de temps. Pourtant, un des plus beaux cadeaux à faire à un enfant est de l'encourager à la débrouillardise et de l'accompagner pas à pas dans ses apprentissages sans tout mâcher pour lui.

Ayez des attentes réalistes

*Si le centre est stable,
alors la famille est soudée.*

Ngugi

Conseil n° 70

Ne vous acharnez pas à le faire grandir trop vite.

Respectez le rythme d'apprentissage de votre enfant. Tout vient à point à qui sait attendre, dit l'adage. Françoise Dolto, éminente psychanalyste française pour les enfants, disait : « Laisser l'enfant faire ses progrès aux rythmes qui sont les siens est une des clés de l'élevage des enfants. »

Certains enfants sucent leur pouce très tard, d'autres cessent tôt. Certains font leurs devoirs par eux-mêmes dès la première année, tandis que d'autres auront longtemps besoin qu'on les accompagne. Tout dépend des tempéraments et des secteurs d'activité. Le parent qui insiste pour qu'un comportement donné cesse rapidement fait bien souvent par là la preuve de sa propre insécurité.

Conseil n° 71

N'exigez pas de lui ce qu'il n'est pas prêt à faire !

Autant il est nul de niveler par le bas, autant il est nocif d'exiger d'un enfant un comportement qu'il n'est pas encore en mesure d'avoir. Il est habituel qu'un enfant de quatre ans oublie de se brosser les dents matin et soir, il faut l'accompagner, puis plus tard le lui rappeler. Et il ne sert à rien de le lui dire en s'énervant, car il est naturel qu'il oublie.

Quand on apprend du nouveau, il faut se le faire dire et redire plusieurs fois au début. À deux ans, ce qu'on doit répéter trois fois par jour, on le dit deux fois à trois ans, une fois à quatre ans et une fois de temps en temps à cinq ans. Dès qu'on a compris cela, on s'énerve moins. Exiger d'un enfant ce qu'il n'est pas en mesure d'accomplir, c'est lui inculquer, mine de rien, un sentiment d'être bête et stupide.

Conseil n° 72

Ne soyez ni complaisant ni indulgent.

Remarquez qu'il faut tout de même mettre la barre à un niveau assez élevé ; chacun de nous a déjà été stimulé par le fait d'avoir à se dépasser, et le fait d'éprouver une fois de temps en temps un sentiment de nullité ne tue personne et permet même parfois le dépassement. Mais comme en tout, il faut ici garder une juste mesure, c'est-à-dire attendre ni trop ni trop peu.

À force de niveler par le bas, de vouloir préserver leur ego, leur sensibilité ou notre tranquillité, on peut tomber dans le piège d'en demander trop peu à l'enfant, ce qui ne le servirait pas. Il peut alors développer une paresse, une nature mélancolique, la tendance à reculer devant les défis. On l'entraîne à en faire le moins possible, sous le prétexte de la douceur, de la gentillesse, de l'amour.

Lorsqu'on éduquait un roi à la cour, les exigences envers cet enfant étaient très grandes. Aujourd'hui que les enfants sont rois (en partie à cause de leur petit nombre), il y a fort à parier qu'on exige en fin de compte beaucoup trop d'eux et surtout beaucoup trop étant donné leur âge. Vous n'êtes pas obligé d'éduquer un petit génie. Si vous exigez de lui des tâches ou des attitudes qu'il n'a pas encore la maturité d'accomplir, vous le mettez en situation d'échec.

Il s'agit simplement d'agir de manière sensée et équilibrée, et de donner à l'enfant le goût de relever des défis (l'esprit sportif), le goût de gagner et la capacité d'encaisser les échecs.

La fratrie

Nulle amie ne vaut une sœur.

Christina Rossetti

Un frère est un ami donné par la nature.

Gabriel Legouvé

Conseil n° 73

Aucun rang dans la famille n'est absolument idéal !

Tous les enfants, quel que soit le rang qu'ils occupent dans la famille, ne sont pas absolument sûrs des sentiments de leurs parents, et peuvent surtout souffrir de certaines préférences. Nous avons tous des idées à ce sujet qui nous viennent souvent du rang qu'on a soi-même occupé dans notre famille. Ainsi, je pourrais avoir tendance à croire qu'un aîné de famille est favorisé par rapport aux autres, si je suis moi-même une deuxième ou une troisième enfant.

Ou encore, un aîné de famille sera persuadé que le plus jeune est favorisé. Ces jugements valent ce qu'ils valent : aucune position n'est idéale. Cela dit, on ne peut ignorer le fait que certains enfants s'entendent mieux avec un de leurs parents ou les deux que d'autres. Les enfants sentent cela ; et c'est le rôle du parent (même s'il a des atomes crochus avec un de ses enfants) de préserver une justice au sein de la famille.

L'aîné craint d'être détrôné. Il peut réagir à la naissance d'un petit frère ou d'une petite sœur en régressant un peu, en redevenant plus bébé. Il faut savoir aussi qu'il peut réagir tardivement. Il occupe une position de modèle et de petit chef, et il faut éviter de le laisser devenir tyrannique ou encore de le priver de son rôle de grand !

Le cadet sent parfois le besoin de s'affirmer face au grand qu'il prend tout de même comme modèle. Il est impressionné par ce grand. Les parents sont souvent plus détendus à l'arrivée d'un deuxième enfant, ce qui facilite la vie du tout-petit. Ils sont plus tolérants. Le deuxième n'a pas à grandir trop vite : les parents apprécient davantage le bébé, ils ont moins besoin de se prouver qu'ils sont de bons parents et deviennent souvent un peu moins exigeants. Ce qui est un avantage pour le cadet. Par ailleurs, le cadet n'aura jamais eu ses parents pour lui seul, ce qui est une expérience de moins. Si un troisième ou un quatrième enfant naît, le deuxième a souvent l'impression de passer inaperçu. On l'oublie plus que les autres. Quant au troisième d'une famille de quatre ou cinq, il vous dira sûrement qu'il a parfois souffert de passer inaperçu.

Le bébé de la famille est souvent le plus choyé. Il arrive aussi, surtout s'il naît au moment où les parents en ont un peu soupé d'occuper ce rôle, qu'on ignore trop ses besoins. Il aura l'impression d'être de trop, et éprouvera souvent le sentiment de ne pas être reconnu.

Conseil n° 74

Soyez conscient de sa crainte d'être moins aimé que son frère ou sa sœur.

Il est naturel de vouloir être aimé et d'avoir besoin de l'amour de ses parents. De même, il est tout à fait normal que l'enfant craigne à l'occasion d'être moins aimé que ses frères et sœurs. Il faut simplement le rassurer et lui montrer qu'on l'aime tout autant que l'autre. Ce sentiment perdure souvent ; il s'agit simplement de faire sentir à chacun qu'il a sa place au sein de la famille, qu'il est unique.

Conseil n° 75

Intervenez le moins possible dans les disputes entre frères et sœurs.

Individuellement, écoutez les doléances de chacun, leur position, encouragez-les à dire ce qu'ils vivent et ressentent à tour de rôle et pas forcément en compagnie des autres. Aidez-les à trouver des solutions applicables, mais laissez-les ensuite régler leurs problèmes entre eux, à moins évidemment qu'ils n'en viennent à une violence excessive.

Conseil n° 76

Donnez à chacun de vos enfants l'occasion d'être unique.

Les tête-à-tête favorisent les confidences et les échanges plus vrais. Si vous avez deux, trois, quatre enfants ou plus, n'oubliez pas que ceux-ci apprécient les moments partagés avec leurs parents. Vous pouvez vous rapprocher d'un de vos enfants en faisant une activité commune qui vous plaît à tous deux.

Bien sûr, on a parfois l'impression que le temps manque, mais ce sont pourtant des moments précieux pour les enfants. Si vous avez deux enfants, soyez simplement attentif à ne pas toujours répéter le même scénario : votre fils passe l'après-midi avec un parent, votre fille avec l'autre. Dans tous les cas de figure, les enfants apprécient de partager des moments seul à seul avec chacun de leurs parents ; et dans tous les cas, on peut si on se creuse un peu la cervelle trouver des activités qui plaisent particulièrement aux deux.

Conseil n° 77

Attention aux injustices !

Entre frères et sœurs, il existe souvent, et même pratiquement tout le temps, un dominant et un dominé. Soyez attentif à ne pas toujours vous ranger du côté du même enfant, qu'il soit le dominant ou le dominé. Évidemment, soyez aussi attentif à ce que le dominé ne soit pas toujours tenu à jouer ce rôle, qui devrait changer selon les activités et dans le temps. Les disputes entre frères et sœurs cachent souvent le désir de l'un des deux d'obtenir une place qu'il n'a pas. Il ou elle a peut-être des raisons de vouloir changer la donne. En tant que parent, on réagit souvent en protégeant systématiquement l'un des enfants par rapport à l'autre.

Conseil n° 78

Les préférences sont naturelles.

Vous avez deux enfants ou plus, et vous vous inquiétez du fait de vous entendre particulièrement bien avec l'un d'eux ? Cela est pratiquement inévitable. Si votre conjoint (mari, femme, père ou mère de votre enfant) pallie cette préférence par une préférence pour l'autre enfant, et que, miracle, vous avez deux enfants, tout va pour le mieux dans le meilleur des mondes. Si la géométrie familiale n'est pas aussi simple, alors soyez attentif à ne pas privilégier l'un de vos enfants par rapport aux autres, pour éviter les souffrances inutiles.

Le seul moyen de ne pas exagérer cette situation est d'être conscient de ses préférences. La conscience modifie la donne.

Les punitions et l'autorité

La jeunesse, c'est se révolter contre tout.

Carlos Molina

Conseil n° 79

Ce qu'il faut savoir sur les punitions.

S'il a commis une action qui vous semble inacceptable et qui va contre les règles qu'il connaît, il n'est pas mauvais de le punir parce que cela l'aidera à se délivrer de la culpabilité qu'il pourrait ressentir. Il sait qu'il a agi de manière inacceptable pour son entourage, et s'il paie pour cette action, il s'en délivre. La punition lui donne un espace ou un temps où il peut réfléchir à ce qu'il a fait, comprendre clairement le comportement qui n'est pas accepté.

Aussi, évitez que papa punisse, ou l'inverse, si c'est maman qui a été témoin de l'action répréhensible. De plus, la punition doit être aussi près que possible dans le temps de l'action que l'on n'accepte pas. Le lien doit être fort entre le geste fait et sa conséquence.

Une chose est sûre, on ne devrait pas frapper un enfant, ni physiquement ni mentalement.

Conseil n° 80

Donnez-lui une épreuve à sa hauteur.

Il a tiré les cheveux de sa sœur, il s'est emballé ; vous voulez lui signifier que vous n'acceptez pas le comportement qu'il vient d'avoir et vous voulez pour cela le punir. D'accord, mais ne perdez pas le nord en lui infligeant une punition trop difficile. Même cela, il doit apprendre à l'assumer. Pour cette raison, on peut lui dire qu'il doit rester dans sa chambre 10 minutes, mais pas des heures s'il a 2 ou 3 ans. La punition doit agir comme une réparation de l'action répréhensible ; une fois qu'elle a été assumée, l'enfant ne devrait plus se sentir fautif. C'est un peu comme une contravention payée.

Conseil n° 81

Trouvez la bonne dose d'autorité.

Chaque parent n'a pas le même degré d'autorité, certains sont plus sévères, d'autres plus souples et il ne sert à rien d'aller contre sa nature. Soyez donc en accord avec vous-même et ne vous faites pas de reproches si vous êtes dif-

Les punitions et l'autorité

férent de l'autre parent (que vous soyez ensemble ou non) ou d'autres parents. Il est important de se connaître et de voir comment vous pouvez être en accord avec vos valeurs. Il reste que la meilleure forme d'autorité, c'est celle qui va donner des balises à l'enfant, des limites, tout en ne l'amoindrissant pas.

Conseil n° 82

Que votre autorité serve à le protéger.

Votre enfant, pour se sentir en sécurité et pleinement protégé, doit sentir que vous êtes fort et plus fort que lui. Cette force, il doit savoir qu'elle ne se retournera pas contre lui, qu'elle existe en quelque sorte pour le rassurer.

Conseil n° 83

Comprendre la signification du vol.

Voler est une réaction primaire qui veut dire : « Je souhaite avoir ceci et c'est le moyen le plus simple de l'obtenir. » C'est aussi pour le jeune enfant une prise de pouvoir importante...

Ne le classez pas dans une catégorie, ne le traumatisez pas, enseignez-lui plutôt à réparer l'action, et expliquez-lui ce qu'il en est. Il peut par exemple remettre l'objet qu'il a pris et s'excuser si sa bévue est connue.

Conseil n° 84

Comprendre la signification du mensonge.

Vers quatre ans, l'enfant sent le besoin de mentir. En fait, il ment parce qu'il prend peu à peu conscience qu'il a une pensée propre ; il exerce en quelque sorte un certain pouvoir sur les autres en faisant la preuve qu'il contrôle son monde. Il va donc par le mensonge vérifier à quel point il est indépendant des autres. Il prend donc conscience qu'il est maître de lui-même. Bien sûr, il ne s'agit pas de le laisser faire au point que lui-même se perde dans ses mensonges. Il s'isolerait peu à peu des autres. Pourtant, il réalise ainsi qu'il est une personne à part entière, et qu'il n'est pas l'image exactement attendue de ses parents ou de ses proches.

Il ne faut pas lui tomber dessus trop fort, il vaut mieux lui faire comprendre peu à peu que la sincérité et l'intégrité vont le rapprocher des gens, qu'il pourra ainsi créer des liens réels. Le mensonge l'éloignerait nécessairement des gens, le rendrait solitaire en l'obligeant à se surveiller sans arrêt de manière à ne pas se faire prendre. En lui faisant voir ce qui est dans son intérêt, on peut le guider vers le goût de la vérité.

Faire l'expérience de perdre et de gagner

*Les enfants ont tout,
sauf ce qu'on leur enlève.*

Jacques Prévert

Conseil n° 85

Attardez-vous aux réussites et à ce qui est positif.

Il vaut mieux mettre en lumière ce qui est valable d'une situation que de s'acharner sur ce qui ne l'est pas. Cela ne veut pas dire de ne pas voir ce qui ne va pas, cela implique simplement de fixer son attention avant tout sur ce qui s'est amélioré et sur ce qui est réussi.

Tout le monde n'a pas les mêmes talents, les mêmes forces, et ce qu'il faut avant tout aider son enfant à développer, ce sont ses propres forces et non pas celles que l'on voudrait avoir soi-même développées, ce qui pourrait nous amener à souligner davantage ses échecs ou ses erreurs.

On peut nommer cette façon d'agir « renforcement positif ». Ce n'est pas vraiment du renforcement positif, car une telle approche consiste simplement à mettre en valeur une attitude ou un apprentissage, qu'il soit bon ou mauvais, en s'y intéressant davantage. Mais le principe ici est de stimuler le comportement qu'on voudrait voir se répéter plutôt que de s'attarder à celui qu'on considère inadéquat.

Philippe reçoit son bulletin. Ses notes sont meilleures en anglais, en maths et en arts, mais moins bonnes en français. Plutôt que de mettre en relief ses difficultés en français, ses parents le félicitent de ses résultats en anglais, en maths et en arts. Pour ce qui est du français, ils notent la baisse sans en faire tout un plat, et choisissent simplement de consacrer un peu plus de temps à cette matière durant le mois qui vient, d'en faire un peu plus.

Conseil n° 86

Donnez à votre enfant le goût du succès.

Félicitez-le quand il atteint un objectif, gagne, réussit dans tous les secteurs d'activité, que ce soit à la maison ou à l'école. Prenez vraiment le temps de souligner ses réussites. Il ne s'agit pas d'en faire un petit coq savant ou un prétentieux, mais pour donner à quelqu'un le goût d'aller plus loin, il faut le féliciter quand on le voit aller plus loin. Sinon, l'enfant ne comprend pas qu'il a gagné, qu'il s'est dépassé et l'habitude de répéter les bons coups s'installe plus lentement, parfois même pas du tout, dans le cas des enfants dont on ne reconnaît pas la valeur et les réussites.

Il n'y a pas si longtemps, on éduquait davantage par l'interdiction que par les comportements à encourager. Le vent a tourné, et c'est tant mieux, mais au quotidien, on oublie parfois que le simple fait de reconnaître une action bien faite, bien menée, est un encouragement à la répéter.

Conseil n° 87

Enseignez-lui l'optimisme.

Il ne s'agit pas d'espérer en faire un membre du club Optimiste, mais de simplement, par l'exemple, l'aider à voir le côté plein du verre plutôt que le côté vide. Pour quelle raison l'optimisme est-il si utile ? Parce que grâce à lui, on ne s'arrête pas. Amenez-le aussi à comprendre qu'il peut agir sur sa vie, qu'il peut changer ce qui ne lui convient pas.

Conseil n° 88

Apprenez-lui à échouer... sans perdre courage.

L'humour est un outil hors pair pour apprendre à un enfant que dans la vie on doit souvent relever ses manches pour gagner une fois de temps en temps et perdre à l'occasion.

De toute façon, il est utile de lui apprendre à recommencer quand il rate quelque chose. Cela dit, un jeune enfant ne peut pas avoir la concentration d'un adulte et au bout d'un moment il arrive qu'il se lasse d'une activité. S'il n'est pas prêt, on n'a pas à le pousser au-delà de ses limites.

Quand il perd ou qu'il rate un essai, encouragez-le et reconnaissez ses efforts. S'il a donné beaucoup de lui-même, il est bon que ce soit reconnu même si les résultats ne sont pas ce qu'il espérait.

Lui faire comprendre que la vie est un jeu, que l'on gagne certaines manches, que l'on en perd d'autres, et que le meilleur moyen de vivre heureux est de ne pas trop s'en faire avec cela. Un jour, il finit par obtenir son chocolat, le lendemain, non, et ce n'est pas grave.

Conseil n° 89

À propos du processus d'apprentissage

Dans tout apprentissage, il y a un passage de désillusions. Un beau matin, vous vous levez, vous vous dites : « Tiens, je vais apprendre l'espagnol », et vous vous imaginez déjà parlant couramment. Tout vous semble facile. Vous vous y mettez, les premiers temps tout va bien car vous en connaissez déjà la base, puis ça se complique. Quand vient le temps d'apprendre ce qui est plus complexe, vous vous sentez à un moment ou à un autre tout à fait nul. Il est habituel quand on apprend quelque chose qu'on ne connaît pas de faire face à ses lacunes et de se sentir incompétent. Pourtant, après ce moment de sentiment d'incompétence vient la suite, soit l'amélioration.

Votre enfant aura le goût d'apprendre s'il sait faire face à ce sentiment d'incompétence (nécessairement présent un jour ou l'autre) et s'il sait qu'il peut le dépasser. C'est à vous de le soutenir dans les passages sombres.

Conseil n° 90

Transmettez à votre enfant le goût d'expérimenter.

Faites-lui voir que lorsqu'on fait quelque chose, parfois on perd, parfois on gagne. Parfois on réussit, d'autres fois non. En lui transmettant une attitude réaliste (on ne gagne pas toujours, on ne perd pas toujours), vous l'aidez à ne pas vivre sans arrêt un sentiment de toute-puissance, mais aussi à ne pas se sentir un éternel perdant.

Les règles d'or du respect

Parents, n'exaspérez pas vos enfants de peur qu'ils se découragent.

Saint Paul

Conseil n° 91

N'humiliez pas votre enfant.

Tout ce qui peut laisser à votre enfant le sentiment d'être inutile, bête, stupide, niais... devrait être évité comme la peste. Les parents qui sévissent durement espèrent faire passer leur mal-être ainsi ; or, ils s'en éloignent dramatiquement. L'enfant qui est frappé (psychiquement ou physiquement) perd confiance en l'adulte, en tous les adultes, et sa confiance en lui-même est très rapidement entamée. Il anticipe l'échec de ses actions... C'est une pente difficile à remonter. Si le geste a précédé la pensée, que faire ? S'excuser, tout simplement.

Conseil n° 92

Respectez son tempérament, sa nature.

Si vous êtes de type extraverti et que l'un de vos enfants est un introverti ou est simplement de tempérament calme et discret, vous serez peut-être porté à penser qu'il n'est pas bien dans sa peau alors qu'il est simplement calme.

Conseil n° 93

Évitez autant que possible le chantage.

Si on veut qu'il ramasse ses jouets dans sa chambre, évidemment la façon la plus expéditive, c'est de lui dire : « Si tu ne ramasses pas, tu n'auras pas… » Chaque parent tombe tôt ou tard dans cette forme de chantage parce que souvent les raisons réelles pour lesquelles on désire qu'il agisse (par exemple, on souhaite qu'il s'habille pour ne pas être en retard au bureau) n'auraient aucun effet stimulant sur lui. Il vaut pourtant mieux éviter les menaces et le chantage, car cela met l'enfant en situation perpétuelle de faiblesse. Quand il m'est arrivé d'utiliser ce genre de « menace » ou de faire ce que j'appelle du « chantage », je l'annonçais comme tel. Ainsi, je signifiais que je voulais absolument qu'une action soit faite, tout en sachant que les moyens utilisés pour y parvenir étaient un peu gauches.

Une chose est sûre, il faut éviter d'utiliser la nourriture ou le sommeil dans ce type de négociation.

Conseil n° 94

Ne blâmez pas.

Mine de rien, il est très facile de se mettre à faire des reproches aux enfants. Tous les « Tu aurais dû, tu n'aurais pas dû... » devraient être éliminés de notre vocabulaire, mais humains que nous sommes, il est difficile de ne pas y succomber. Pourtant, si l'on saisit l'effet que cela peut avoir sur l'enfant, sur soi-même et sur la relation, on sera certainement mieux outillé pour résister aux blâmes qui n'arrangent rien. Ce que vous faites à l'enfant en le blâmant (même pour une erreur vraie), c'est le figer dans cette erreur. Il se justifiera, accusera un autre, pourra même vous mépriser ou se sentir carrément coupable. Aucune de ces réactions n'atteint l'objectif visé qui serait de ne plus répéter une erreur. En blâmant, le parent ne fait que s'éloigner de son enfant. C'est une plainte qui ne mène à rien, sauf à ce que le parent se libère un peu (mais mal) d'un malaise.

Conseil n° 95

Évitez de classer l'enfant dans des catégories.

On peut être tenté de coller une étiquette à son enfant, ou de le comparer aux autres. Pratiquement tout le monde qui est né dans une famille de deux enfants ou plus a compris un jour qu'il était soit le beau, soit l'intelligent, soit le sportif, soit l'intellectuel... de la famille. Négativement, il peut avoir compris aussi qu'il était le plus nul, le plus gauche, le moins débrouillard... En tant que parent, il vaut mieux éviter de classer ses enfants dans des catégories, car cela les stigmatise dans un rôle. Il est certain que ce n'est pas absolument évitable, on remarquera que notre enfant possède tel ou tel talent ou caractéristique et on sera tenté de lui en faire part. S'il s'agit d'un renforcement qui l'aide et le soutient, d'un renforcement qui joue positivement sur sa vie, cela peut toujours aller, encore qu'on peut ainsi prêter à l'enfant un rôle qui ne lui convient pas en réalité, et qui est plutôt un palliatif à notre propre vie.

S'il s'agit d'une classification qui diminue l'enfant, là vraiment il faut se reprendre en main.

En particulier avec les jeunes enfants, le parent a souvent tendance à les comparer avec des enfants du même âge ; il se dira alors : « Mon enfant semble moins "avancé" que les autres enfants du même âge. » Cela part d'un sentiment légitime (chaque parent souhaite que son enfant soit heureux, et plus son évolution est normale et rapide, plus cela semble être le cas), mais cela est aussi le résultat des insécurités parentales.

Conseil n° 96

Offrez-lui toujours de vrais choix.

On pourrait croire, parce qu'il est tout petit, que l'enfant est facile à duper. On lui proposera alors de faux choix, panneau dans lequel il peut tomber, mais qui n'a rien d'avantageux à long terme. Si vous donnez un choix à votre enfant, donnez-lui l'heure juste. Soyez vrai.

Conseil n° 97

Évitez l'humour mal placé.

Votre enfant commence à s'habiller tout seul, il arrive dans la cuisine un bon matin habillé de manière tout à fait extravagante ou il a mis ses vêtements à l'envers. Votre premier réflexe ? Rire. Attention, il pourrait très bien ne pas comprendre. L'humour, s'il est souvent précieux, peut aussi blesser.

Et vous !

*Il n'y a pas d'enfants sots ;
il n'y a que de sots parents.*

Tristan Bernard

Conseil n° 98

Oubliez toute idée de perfection.

Chaque parent voudrait bien obtenir une note parfaite pour l'éducation de ses enfants, et pour leur bonheur. Cela dit, il vaut mieux oublier dès le départ toute idée de perfection parce que les enfants seraient bien malheureux d'avoir des parents parfaits et parce que cela est de toute façon inaccessible. Faites du mieux que vous le pouvez, et que cela s'arrête là. On peut très bien être un bon parent sans être un modèle de santé émotionnelle ou de réussite.

Conseil n° 99

Revoyez votre passé.

La naissance d'un enfant et les étapes qu'il franchit à mesure qu'il grandit font nécessairement revivre en partie sa propre enfance au parent. Prenez le temps de revoir votre passé, et vous serez en mesure d'être un parent plus conscient.

Si votre enfance a été trop difficile ou si certains souvenirs provoquent en vous un sentiment de tristesse ou de détresse, dites-vous que vous gagnerez certainement à aller en thérapie. Il reste probable que de se souvenir et d'être capable d'énoncer, de dire ce qui nous a blessé, permet de ne pas répéter les mêmes erreurs et de ne pas perpétuer la souffrance.

Conseil n° 100

Ne vous sacrifiez pas !

Si, un jour, vous vous entendez dire : « Je lui ai tout donné ou je leur ai tout donné », sachez qu'il est temps de vous arrêter, de faire une pause, de retrouver le goût de penser à vous, de sortir, de vous amuser. Bien sûr, on fait des sacrifices pour ses enfants, c'est même là un des plaisirs qu'on trouve à donner naissance à ses enfants et à les éduquer. Mais le sacrifice est librement consenti, autrement c'est qu'on s'est trompé de voie. En réalité, ce n'est pas un sacrifice, c'est un choix.

Et vous !

Que vous ayez un, deux ou trois enfants, que vous soyez en couple ou non, que vous soyez femme ou homme, un des ennemis du parent est la tentation du don extrême de soi. Cet ennemi guette de plus près les femmes, peut-être à cause de l'éducation (on favorise beaucoup la bonté des femmes), peut-être aussi parce que les femmes en donnant naissance ont inscrit dans leur corps même cette notion de don de soi.

Bien sûr, quand on a des enfants, un des plaisirs que l'on vit est celui de donner pour une juste cause. Mais il faut éviter le piège de l'exagération. Donner, c'est bien, mais trop donner, c'est à la fois épuisant et lourd à porter, tant pour soi que pour les enfants qui reçoivent ces dons extrêmes.

Vous voulez le bonheur de votre enfant ? Eh bien, ne vous oubliez pas. Ne vous épuisez pas pour combler ses attentes. Qu'est-ce que cela veut dire ? Cela veut dire que lorsqu'il réclame un jouet, un bonbon... vous devez d'abord vous demander ce que vous ressentez par rapport à ce qu'il demande. Est-ce un besoin important pour lui ? Et avez-vous la possibilité de le combler, ou non ?

Il est de première importance que la vie personnelle du parent reste bien vivante.

Conseil n° 101

Eh non ! vous n'êtes pas responsable de tout.

Le parent d'aujourd'hui doit impérativement tout réussir. Cela est naturel, car à peu près tout le monde souhaite réussir ce qu'il entreprend, mais cette volonté de si bien faire est également présente parce que dans nos sociétés occidentales nous avons relativement peu d'enfants, ce qui en fait des trésors inestimables et parfois des sujets de réussite.

Or, chaque parent ne peut que faire de son mieux et espérer que cela aura des conséquences heureuses sur son ou ses enfants. Cela dit, un parent dépassé peut (et, même, devrait) aller chercher de l'aide auprès d'un tiers.

Conseil n° 102

Accueillez vos sentiments négatifs.

L'envers de l'amour, c'est la haine, et on la voit parfois passer même dans les relations les meilleures, les plus profondes, qui sont saines et harmonieuses. Les enfants ont beaucoup d'énergie, ils peuvent bousculer nos habitudes, nos vies et, à l'occasion, ils peuvent nous fatiguer beaucoup. Certains âges peuvent aussi nous plaire moins. Mon opinion est qu'il est essentiel d'accepter ses sentiments agressifs ou carrément noirs, si on ne veut pas que notre comportement devienne, lui, également agressif. L'amour peut se transformer en haine, et pour que cela ne s'ancre pas, il est simplement nécessaire d'accueillir ses sentiments, les tendres comme les moins tendres. Et surtout parlez-en à un proche, à une amie qui elle aussi a des enfants, par exemple. Vous verrez que les expériences communes rapprochent et que vous n'êtes pas seul à vivre des moments d'exaspération.

Conseil n° 103

Adaptez les recettes éducatives à votre personnalité.

Aujourd'hui, on entend souvent les gens crier au loup contre ce qu'on appelle les enfants-rois ou les enfants-tyrans. Personnellement, j'aime mieux qu'un enfant se sente prince, princesse, roi ou reine que d'observer qu'il a l'impression de n'être pas grand-chose. «Chacune est une princesse», disait-on dans le film *La petite princesse*; c'est vrai. Cela dit, il est vrai que si un enfant qui grandit s'imagine qu'il peut tourner tout le monde en bourrique sous prétexte qu'il est plus important que les autres, cela peut être nocif. Éventuellement, il aura peu d'amis !

Cela dit, nous vivons un individualisme grandissant qui a certainement de très bons côtés, mais qui peut parfois nous agacer parce que chacun voudrait avoir sa place, une bonne place !

Cela dit, l'individualisme galopant de nos sociétés peut agir sur le jeune en l'isolant et en le privant de contacts chaleureux avec ses pairs et son environnement en général.

Chaque parent gagnera à se questionner à propos de sa philosophie d'éducation.

Qu'est-ce, par exemple, qu'un enfant-roi pour vous ? Est-il nocif d'avoir le sentiment d'être important ? Ou, au contraire, est-ce fondamental ? Quelles sont les valeurs qui pour vous sont importantes ?

Conseil n° 104

Acceptez qu'il aura à vivre ses propres épreuves.

Un jour ou l'autre, votre enfant devra faire face à une épreuve qui ne vous appartient pas, qui n'est pas la vôtre. Il peut arriver qu'il soit encore jeune lors de sa première épreuve. L'un d'eux fera face à un décès, un autre devra subir une chirurgie ou aura une maladie importante. Vous les accompagnerez dans cette épreuve, mais vous ne pourrez pas la vivre à leur place. C'est sa vie, votre amour ne doit pas le priver de ses expériences, tant les heureuses que les malheureuses.

Conseil n° 105

Si vous avez un problème sans solution, parlez-en.

Parler de ce qu'on vit n'est pas uniquement valable dans le cas où l'on a un problème avec son ou ses enfants, il est valable en toutes circonstances. Mais si ça cloche avec votre enfant, de grâce parlez-en à une amie, à un parent, à un psy... On pourra soit vous donner un avis judicieux, soit simplement vous entendre, tandis que de votre côté, par cette simple écoute, vous trouverez peut-être une solution.

Parlez aussi de ce que vous vivez par rapport à l'éducation des enfants, car il est faux de croire que c'est toujours facile et qu'on est toujours enthousiaste. Quand la fille de Josée a eu sept ans, elle est devenue de façon assez soudaine très discrète, voire carrément timide. Étant inquiète, sa mère a téléphoné au département de psychologie de l'hôpital pour enfants de son secteur. Elle a été mise en contact avec une psychologue qui, après l'avoir écoutée, l'a rassurée sur le phénomène. Cette simple démarche lui a permis de cesser de s'en faire et donc de ne pas pousser sa fille à parler davantage pour pallier ses propres craintes. Quelques mois ont suffi pour que cette dernière retrouve son bagout.

Conseil nº 106

Établissez un plan de résolution de problème.

Toute recherche de solution comporte les mêmes étapes. Il y a lieu :

1. de poser et de cerner le problème ou l'obstacle à franchir ou à solutionner ;

2. d'agir ;

3. de voir ce qui vient d'être fait ;

4. d'intérioriser ce qui vient d'être fait, c'est-à-dire d'arriver à être capable d'en parler ;

5. de comparer l'expérience vécue avec d'autres expériences.

Conseil n° 107

N'abandonnez pas la partie au beau milieu d'un apprentissage.

Votre enfant ne veut pas s'endormir le soir, il a peur, vous instaurez un rituel de dodo (histoires, veilleuse, etc.), mais rien n'y fait, il vous réclame. Vous retournez le voir dans sa chambre, vous restez cinq minutes auprès de lui, puis vous revenez au salon… Il recommence à pleurer. C'est là que vous craquez, et c'est là qu'il faudrait persévérer un peu plus. Bien souvent, le ou les parents pourraient éviter qu'un problème ne s'éternise (ou ne se répète) en tenant le coup un peu plus longtemps. Essayez.

Conseil n° 108

Comprenez que l'accord parfait entre parents (sur l'éducation) est rare.

La plupart du temps, là où vous trouverez deux parents, vous trouverez jusqu'à un certain point deux conceptions de l'éducation. L'un des parents est souvent plus permissif, plus souple que l'autre, ce qui ne fait pas de l'autre un mauvais parent. Les enfants trouvent un équilibre et surtout une compréhension du monde élargie dans cette différence entre leurs parents. Il comprend mieux qu'il n'y a pas qu'une seule vérité, que chacun a sa propre perspective.

Pourtant, deux parents ayant des valeurs fondamentalement opposées peuvent rendre l'enfant perplexe surtout s'ils n'habitent plus à la même adresse et que l'enfant se trouve tantôt chez l'un, tantôt chez l'autre. Il vaut mieux alors en discuter avec l'autre parent et voir sur quelles bases on peut s'entendre. Chaque cas de figure est évidemment bien différent, il reste pourtant qu'on peut parfois expliquer à l'enfant ces différences de vues ; cela lui permettra de comprendre des sentiments contradictoires.

Conseil n° 109

L'enfant n'est pas un prolongement de soi.

Ce problème peut surtout se présenter lorsqu'on a un premier enfant ou un enfant unique. Tous, que nous le voulions ou non, nous transmettons à nos enfants certaines de nos qualités, mais également certains de nos défauts.

Il est important d'être le plus conscient possible de la façon qu'on peut pousser nos enfants à réaliser nos propres rêves ou idéaux.

Et vous!

Même si nous avons peu de contrôle sur cette tendance, il est primordial de ne pas obliger l'enfant à réaliser nos propres désirs d'accomplissement.

Conseil n° 110

Évitez les extrêmes : considérez que votre enfant subit des influences génétiques et environnementales à environ 50 % !

C'est justement parce qu'on n'est sûr de rien qu'il vaut mieux partager le fardeau entre ces deux tendances. Ainsi, en évitant de croire que tout est génétique, vous éviterez de tomber dans les pièges de plus en plus fréquents de la médicalisation de la santé et de l'explication biologique du comportement de l'enfant.

Conseil n° 111

Soyez créatif.

Un jour, Hélène, qui avait près de trois ans, s'inquiétait beaucoup du fait que son père s'apprêtait à quitter la maison pour aller travailler ; il lui a alors expliqué qu'il y allait pour pouvoir lui acheter des brioches ! Gourmande, elle a bien pris la chose et les scènes ont cessé.

Un jour qu'Alexandre refusait catégoriquement de mettre ses chaussures (des *runnings*), sa mère a mis les siennes et lui a fait remarquer leur ressemblance. Quelques minutes plus tard, il ne rechignait plus.

Un jour qu'Élisabeth voulait jouer au magasin de vêtements, sa mère l'a aidée à sortir tous les vêtements des principales garde-robes. Ça a été beaucoup de travail, mais elles ont passé un bon moment ensemble.

La plus grande tâche de votre enfant : trouver un ordre dans le chaos !

Il n'est pas simple d'apprendre à vivre. Imaginez tout le chemin que doit parcourir un bébé, puis un enfant avant de devenir une femme ou un homme. Ce qu'il expérimente est immense, et la moindre des choses que nous puissions faire pour celui ou ceux que l'on a mis au monde, c'est de les accompagner et de les aider à se développer en tant qu'êtres complets.

La tâche d'un parent ? Aider son enfant à mettre de l'ordre dans ce chaos que semble être la vie quand elle commence. Il s'agit donc de lui simplifier la vie au maximum de manière qu'elle ne lui semble pas encore plus compliquée qu'elle ne l'est. Avant tout, il s'agit de l'aimer et de lui apprendre à aimer.

Bibliographie

BACUS, Anne. *Le livre de bord de votre enfant de 3 à 6 ans*, Paris, Marabout, 2002.

BRUNET, Christine et Nadia BENLAKHEL. *C'est pas bientôt fini ce caprice ? Les calmer sans les énerver*, Paris, Albin Michel, 2005.

DUCLOS, Germain. *L'estime de soi, un passeport pour la vie*, Montréal, Service des publications de l'Hôpital Sainte-Justine, 2000.

LAPORTE, Danielle et Lise SÉVIGNY. *L'estime de soi des 6-12 ans*, Montréal, Hôpital Sainte-Justine, 2002.

LIAUDET, Jean-Claude. *Dolto expliquée aux parents*, Paris, Éditions de l'Archipel, 1998.

LUSH, Dora, Jonathan BRADLEY et Eileen ORFORD. *Comprendre votre enfant de 9 à 12 ans*, Paris, Albin Michel, 2001.

MONBOURQUETTE, Jean. *Pour des enfants autonomes : Guide pratique à l'usage des parents*, Montréal, Novalis, 2004.

PLEUX, Didier. *Manuel d'éducation à l'usage des parents d'aujourd'hui*, Paris, Odile Jacob, 2004.

PURVES, Libby. *Comment ne pas élever des parents parfaits*, Paris, Odile Jacob, 1995.

STEINER, Deborah, Elsie OSBORNE et Lisa MILLER. *Comprendre votre enfant de 6 à 9 ans*, Paris, Albin Michel, 2001.

VIORST, Judith. *Renoncez à tout contrôler : à chaque étape de la vie, résister à la tentation du pouvoir pour réussir à être soi-même*, Paris, Robert Laffont, coll. Réponses, 1999.

WINDELL, James. *Se faire écouter d'un enfant têtu*, Montréal, Le Jour éditeur, 1999.

WYCKOFF, Jerry et Barbara C. UNELL. *L'enfant qui dit non : Aidez votre enfant à traverser la phase du non*, Montréal, Éditions de l'Homme, 2005.

WYCKOFF, Jerry et Barbara C. UNELL. *Se faire obéir des enfants sans frapper et sans crier*, Montréal, Éditions de l'Homme, 2005.

Table des matières

Introduction 7

Manger, dormir, se laver, s'habiller... 9
Adoptez des routines 11
Les raisons du refus de manger 12
Ne l'obligez pas à rester à table trop longtemps 14
Ne modifiez pas le repas selon son bon vouloir 14
L'enfant dort préférablement dans son lit ! 15
Avant de dormir, racontez-lui une histoire 16
Les terreurs nocturnes 17
Incitez-le à faire sa toilette 18
Respectez sa pudeur 18
Invitez-le à s'habiller 19
Ne soyez pas obsédé par les changements physiques
    de votre enfant 20

Aimez 23
Donnez à votre enfant le sentiment qu'il est important 25
Aimez-le avant tout pour lui-même et non pour ce
    qu'il réussit 26
Distinguez la demande d'objet de la demande d'amour 26

Les obligations de la vie 29
Pour bien vivre les obligations quotidiennes 31

161

Soyez présent dans les moments clés de la journée 33
Les petits accidents de la vie sont naturels 34
Sachez qu'un non peut être rassurant 35
Il est naturel qu'il réagisse aux frustrations 36
Ne confondez pas souffrance et frustration 38
Apprenez-lui à accepter de retarder la satisfaction
   de certains désirs 39
Un animal domestique 40

Les règles familiales 41
Établissez des règles 43
Sachez que les règles deviennent tôt ou tard désuètes 44
Changez les règles au moment propice 45
N'abusez pas des interdits 46
Gérez votre environnement ! 47
Les règles doivent servir au bien de l'enfant 47

La peur 49
À propos de la peur 51
Comprendre la crainte que provoque le premier
   éloignement 52

Écoutez, parlez, expliquez 55
Il parle sans interruption et… il interrompt les autres ! 57
Expliquez, mais pas trop ! 59
Faites voir à l'enfant les conséquences de ses actions 60
Faites-lui comprendre où sont ses intérêts 60
Encouragez votre enfant à s'exprimer 61
Répétez, répétez… sans vous impatienter 62

Enseignez, guidez, apprenez 63
Enseignez avant de responsabiliser 65
Amenez-le à développer sa confiance en lui 66
Enseignez-lui à voir la continuité ! 67
Adaptez-vous aux changements générationnels 67

À propos du jeu ... 69
Le jeu est le travail de l'enfant ... 71
Jouez avec l'enfant ... 72
On apprend beaucoup par le jeu ... 72
Contrôlez les heures de télé et d'ordinateur ... 73
Encouragez votre enfant à se dépenser physiquement ... 73
À propos des cadeaux ... 74

À propos de l'autonomie ... 77
Comprenez ce que signifie le non de votre enfant ... 79
En matière d'autonomie, visez le juste milieu! ... 80
Ne confondez pas autonomie et abandon ... 81
Encouragez votre enfant à agir par lui-même, même quand
ça vous retarde un peu! ... 82
Enseignez-lui à cerner ses besoins ... 83
Donnez à votre enfant des responsabilités à sa mesure ... 84
S'il souhaite plus d'indépendance, lâchez du lest! ... 85

Les caprices et les tempêtes du cœur ... 87
Il n'y a pas de caprice avant l'âge de un an ... 89
S'il geint, demandez-vous s'il a faim ou sommeil ... 90
S'il crie, pleure, geint, faites diversion ... 90
Grosse colère ou tristesse, rien de tel que vos bras ... 91
Les caprices: une parole qui cherche à s'exprimer ... 91
Oubliez l'idée même d'harmonie perpétuelle! ... 93
N'acquiescez pas à toutes ses demandes ... 94
Il est naturel de se venger de ce qu'on vit
comme une injustice ... 95
Les crises ont souvent lieu dans les moments de transition ... 96
Mémorisez de petites recettes de calme ... 96
Ayez une attitude rationnelle et constante ... 97
Reconnaissez ses émotions, sans nécessairement
les encourager ... 98
Après une dispute, c'est à vous d'aller vers l'enfant ... 99

À propos du temps ... 101
Comprenez que votre enfant n'a pas la notion du temps ... 103
Donnez du temps à vos enfants ... 103
Le manque de temps n'est pas une excuse! ... 104

Ayez des attentes réalistes ... 105
Ne vous acharnez pas à le faire grandir trop vite ... 107
N'exigez pas de lui ce qu'il n'est pas prêt à faire! ... 108
Ne soyez ni complaisant ni indulgent ... 109

La fratrie ... 111
Aucun rang dans la famille n'est absolument idéal! ... 113
Soyez conscient de sa crainte d'être moins aimé que son frère ou sa sœur ... 115
Intervenez le moins possible dans les disputes entre frères et sœurs ... 115
Donnez à chacun de vos enfants l'occasion d'être unique ... 116
Attention aux injustices! ... 117
Les préférences sont naturelles ... 117

Les punitions et l'autorité ... 119
Ce qu'il faut savoir sur les punitions ... 121
Donnez-lui une épreuve à sa hauteur ... 122
Trouvez la bonne dose d'autorité ... 122
Que votre autorité serve à le protéger ... 123
Comprendre la signification du vol ... 123
Comprendre la signification du mensonge ... 124

Faire l'expérience de perdre et de gagner ... 127
Attardez-vous aux réussites et à ce qui est positif ... 129
Donnez à votre enfant le goût du succès ... 130
Enseignez-lui l'optimisme ... 131
Apprenez-lui à échouer... sans perdre courage ... 131
À propos du processus d'apprentissage ... 132
Transmettez à votre enfant le goût d'expérimenter ... 133

Les règles d'or du respect 135
N'humiliez pas votre enfant 137
Respectez son tempérament, sa nature 138
Évitez autant que possible le chantage 138
Ne blâmez pas 139
Évitez de classer l'enfant dans des catégories 140
Offrez-lui toujours de vrais choix 141
Évitez l'humour mal placé 141

Et vous ! 143
Oubliez toute idée de perfection 145
Revoyez votre passé 145
Ne vous sacrifiez pas ! 146
Eh non ! vous n'êtes pas responsable de tout 148
Accueillez vos sentiments négatifs 148
Adaptez les recettes éducatives à votre personnalité 149
Acceptez qu'il aura à vivre ses propres épreuves 150
Si vous avez un problème sans solution, parlez-en 151
Établissez un plan de résolution de problème 152
N'abandonnez pas la partie au beau milieu
d'un apprentissage 153
Comprenez que l'accord parfait entre parents
(sur l'éducation) est rare 153
L'enfant n'est pas un prolongement de soi 154
Évitez les extrêmes : considérez que votre enfant subit
des influences génétiques et environnementales
à environ 50 % ! 155
Soyez créatif 155

La plus grande tâche de votre enfant : trouver un ordre dans le chaos ! 157

Bibliographie 159